라디오, 위기에서 기회로

리얼미디어

다양한 미디어가 새로운 산업혁명을 이끄는 지금, 대중의 삶은 전보다 훨씬 복잡하고 어려워졌습니다. 리얼미디어는 현장 전문가의 구체적이고 실제적이며 형식에 얽매이지 않는 생생한 지식을 전달합니다. 독자의 미디어 생활이 보다 안전하고 편리하도록 좋은 길잡이가 되겠습니다.

일러두기

- 인명, 작품명, 저서명, 개념어 등은 한글과 함께 괄호 안에 해당 국가의 원어를 병기했습니다.
- 외래어 표기는 현행 어문규정의 외래어표기법을 따랐습니다.
- 이 책은 방송문화진흥회의 지원을 받아 출간되었습니다.

라디오, 위기에서 기회로

임재윤

대한민국, 서울, 커뮤니케이션북스, 2025

라디오, 위기에서 기회로

지은이 임재윤
펴낸이 박영률

초판 1쇄 펴낸날 2025년 11월 28일

커뮤니케이션북스(주)
출판 등록 2007년 8월 17일 제313-2007-000166호
02880 서울시 성북구 성북로 5-11
전화(02) 7474 001, 팩스(02) 736 5047
commbooks@commbooks.com
www.commbooks.com

CommunicationBooks Inc.
5-11, Seongbuk-ro
Seongbuk-gu, Seoul, 02880, KOREA
phone 82 2 7474 001, fax 82 2 736 5047

ISBN 979-11-430-1303-3 93300

책값은 뒤표지에 표시되어 있습니다.

위기의 만성화와 타성의 집단화

위기가 만성화되면 타성이 집단화한다. 흑백TV, 컬러TV, 워크맨, PC, 인터넷 등 수용자의 시간을 두고 경쟁하는 신매체가 등장할 때마다, 산업 안팎에서 돌파구가 발견되며 '라디오 르네상스'가 반복되었던 역사 때문일까? 100여 년을 버텼는데 이번이라고 다르겠냐며, 어딘가에서 또 우연한 해결책이 나타나길 기다리는 모양새다. 미디어 산업의 전통적 분석 프레임워크인 '콘텐츠-네트워크-플랫폼-디바이스' 관점에서 보면, 콘텐츠 혁신은 드물고, 네트워크는 낡았고, 디바이스는 골동품이 되었으며, 플랫폼은 쪼개졌다. 모든 환경 요소가 천지개벽했는데도 라디오 방송사의 조직 형태와 업무 프로세스는 과거 환경에 기반한 틀에서 구조적으로 바뀌지 않고 있다. 해외 라디오 업계의 생존 철학인 '기술은 협력하고 콘텐츠로 경쟁한다(Cooperate on technology, compete on content)'[1)]도 국내에선 별 울

---

1) 지역이나 상황에 따라 '기술(technology)'을 '플랫폼(platforms)'이나 '기반(infra)'으로 바꿔 쓰기도 하지만, 방송을 소비자에게 전달

림이 없다. 디지털 라디오 도입은 10년 넘게 오해와 논쟁만 반복하다가 시기를 놓쳤고, 라디오 통합 플랫폼 추진 역시 방송사와 정부 양측의 몰이해와 의지박약으로 수면 아래에 있다. 너도나도 '라디오는 사회 보편 인프라', '최후의 재난 대비 매체'라고 말하지만, 이를 단단히 유지하려는 노력이 보이지 않는 것을 보면 선언적 문구를 습관적으로 남발해 온 셈이다. 방송사 경영진, 정부 유관 부처와 국회, 그리고 라디오 종사자들은 과연 라디오라는 공적 인프라를 유지할 의지가 있는지, 매체의 자연사를 기다리는 것에 암묵적으로 합의한 것은 아닌지 의심될 시경이다.

이런 집단적 방관 배경에는 '라디오 산업의 침몰은 세계적 흐름'이라는 선입견이 깔려 있다. 물론 대표적 올드 미디어인 라디오가 위기를 겪고 있는 것은 세계 어디서나 부인하기 어렵지만, 모두가 일몰을 기다릴 것이라는 가정은 오해다. 진흥 기관과 산업 협회를 중심으로 라디오 산업 생태계를 단단히 다져 온 영국과 호주는 청취량과 매출이 여전히 공고하고, 지역과 일상에 밀착하면서도 통합 플랫폼을 충실히 발전시켜 온 일본 라디오는 하락세에 브레이

하는 도구나 기반을 구축하는 것은 협력하고 공조한다는 의미는 일맥상통한다.

크를 걸고 있으며, 거대 라디오 기업 중심의 미국 라디오 산업은 위성 라디오, 스트리밍, 팟캐스트 등으로 분화하면서 변신 중이다. 그에 반해 한국 라디오는 다른 미디어 산업에 비해 도드라지는 산업적 실패를 겪고 있을 뿐만 아니라 국가 간 비교에서도 GDP 대비 매출 규모도 가장 많이 훼손된 그룹에 속해 있다. 라디오 산업의 침몰은 일반적 · 불가항력적 현상으로 치부하면 안 된다. 여타 산업 분야와 마찬가지로, 잘되고 있는 곳과 안 되는 곳이 있을 뿐이다.

한국 라디오 산업은 '갈라파고스'에 비견될 만큼 글로벌 라디오 산업의 발전 추세와 떨어져 있고, 라디오 선진국들의 위기 극복 지혜를 공유받지 못하고 있다. 제작과 송출 외 다른 직종의 전문가 집단이 턱없이 부족한 한국 라디오 방송사들은 라디오를 비즈니스로 다루는 데 서툴다. 21세기 미디어 산업은 콘텐츠 · 플랫폼 · 테크놀로지 · 디바이스 · UX · 경영 전략 등을 통섭적으로 아울러야 발전의 윤곽이 잡힌다. 만시지탄이더라도 라디오를 산업 관점에서 바라보고 발전 해법을 고민할 수 있는 인식 전환을 더 미룰 수 없다.

하던 대로 열심히 했는데 내 주변 환경이 바뀌어 위기에 빠졌다면, 그 위기 탈출의 출발점은 자신의 자리와 역할을 재정의하는 것이다. 최초의 전파·전자공학 매스 미디어 라디오가 지난 100여 년 역사 동안 위기의 고개를 넘었던 순간들을 돌아보면, 역할이나 업태를 재정의하면서 돌파구가 나왔다. 1950년대 초 텔레비전이라는 거대한 '시청각 괴물'이 거실을 장악하자, 라디오는 가정의 중심 매체 자리에서 순식간에 밀려났다. 그러나 이때 라디오 방송사들은 '이동 중 듣는 개인 매체'라는 새로운 정체성을 찾아냈다. 진공관 대신 트랜지스터를 채택해 주머니에 넣을 수 있을 만큼 작고 가벼운 휴대용 라디오를 내놓았고, 자동차 대시보드에 라디오를 장착해 '드라이브 타임'이라는 황금 시간대를 창출했다. TV 드라마에 밀려난 라디오 드라마 대신 짧고 반복성 있는 Top 40 음악 포맷과 DJ의 빠른 입담으로 콘텐츠 형식을 완전히 재구성한 것 역시 이 시기의 재정의 전략이다. TV와 경쟁하는 대신 '언제 어디서나'라는 시간·공간 가치로 역할을 재정의한 라디오는 1960년대 오히려 청취 시간을 회복했다. 1970년대 말 '좋아하는 곡만 골라 듣는 자유로움'을 내세운 워크맨이 등장하면서, 고음질이 가능한 FM과 잡음이 불가피한 AM은 각자 더 선명하게 역할을 분담한다. AM은 말 중심의 뉴스·실시간 논평·토크쇼·스포츠에 집중하고, FM은 DJ 음악 프로그램을 강화하는 것을 넘어 '청소년 문화 형성 플랫폼'으로 새로운 역할을 찾는다. 또 워크맨을 경쟁 상대로만 보지 않고 라디오를 녹음해 만든 믹스 테이프 문화를 장려해 공생 관계를 맺는다. 최신 히트곡을 연속으로 트는 'Top 40 카운트다운(countdown)' 포맷에서는 곡 사이에 스테이션 ID(채널의 슬로건과 이름을 짧게 묶어서 언급하는 것)를 짧게 넣어 녹음 후에도 채널 브랜드가 남도록 설계했다. 결과적으로 워크맨은 라디오가 선별한 최신 음악을 휴대해 주는 '물리적 RSS 피드'(워크맨을 팟캐스트에 비유하기 위해 팟캐스트의 기술 구현 방식인 RSS feed를 인용) 역할을 하게 만든 것이다. 이렇듯 라디오는 매번 위기를 맞을 때마다 기술 · 플랫폼 · 사용 맥락 · 비즈니스 모델을 재정의함으로써 위기를 기회로 바꿔 왔다.

한국 라디오 역시 지금의 위기를 벗어나기 위해서는 스스로를 재정의하는 것에서부터 출발해야한다 어떻게 재정의할지는 우리 라디오인들 모두가 고민해야 할 부분이지만, 그 고민을 위해 필요한 재료들을 특히 기술과 비즈니스 측면에서 정리하는 것이 나의 역할이라 생각했다. 나는 25년 전 라디오 PD로 방송사에 입사, 10여 년의 프로그램 제작 업무를 거치는 동안 라디오 스트리밍 위젯(MBC mini)을 기획한 것을 계기로 미디어 플랫폼 비즈니스에 발을 들였다. 뉴미디어 분야가 규모 있는 부서로 자리 잡아 가던 TV 부문과 달리, 라디오에 특화된 플랫폼 비즈니스는 일을 배울 사수도, 매뉴얼도, 정보도 없었다. 명함에 쓸 직함을 스스로 지어내야 했고, 업무 해법을 같이 고민할 동료를 사내는 물론 업계 전체에서도 찾기 어려울 만큼 국내에서는 낯선 커리어였다. 마치 거리에서 맞아 가며 싸움을 배우듯 좌충우돌 시행착오로 일을 익혔다. MBA를 다녀오고 TV OTT 구축에 참여하면서 뒤늦게 배운 이론으로 앞서 멋모르고 덤볐던 콘텐츠 유통과 플랫폼 사업을 뒤늦게 이해했다. 라디오 부문으로 복귀한 후에는 디지털 라디오 정책 논의를 비롯해, 실리콘밸리 인터넷 라디오 스타트업부터 빅테크 · 이동 통신사 · 커넥티드 카 · 오디오 기술 기업 등 IT가 라디오와 만나서 가능해진 관행들을 만들었다. 국내 라디오 종사자로는 드물게 호주, 일본, 홍콩, 미국, 영국 등 해외 라디오 업계를 살펴볼 기회도 얻었고, 그 과정에서 깨달은 인사이트를 국내에 적용, MBC 라디오뿐만 아니라 국내 라디오 업계 전체의 산업적 진화를 추진했으나 여러 사안에서 '절반의 성공' 또는 결과적 실패를 겪었다.

이제 실무자로서의 커리어를 마무리해야 하는 시점이 다가오는데, 라디오 산업의 현실을 돌아보면 보람보다는 자책이 크다. 사반세기 동안 한국 라디오의 녹을 먹었던 사람의 무거운 책임감으로 이 책을 썼다. 국내에 잘 알려지지 않았던 라디오 강국들의 산업 진화 노력을 깊이 있게 분석하고, 오디오 미디어에 구조적 영향을 끼칠 이슈들을 통섭적으로 제시하여 라디오 산업의 새로운 길을 모색하는 데 힘을 보태고자 한다. 라디오를 사랑하고 라디오로 먹고사는 이들의 인식 전환에 한몫할 수 있다면 그간 쌓였던 마음의 짐을 조금이라도 덜 수 있을 것 같다.

이 책엔 기술 관련 내용이 많이 나온다. 미디어 변화는 기술 변화로 촉발되며, 라디오가 어려움을 겪는 가장 큰 이유는 급격한 기술 변화에 따른 산업 재편이기 때문이다. 기술에 밝은 분들이 보기엔 너무 초보적인 내용까지 풀어 썼거나, 쉽게 설명하려다 보니 무리한 비유나 단순화가 있을 수 있다. 공학을 전공하지 않은 PD 출신 저자의 한계도 있지만, 이 책의 주 독자를 국내 라디오 종사자로 가정하다 보니 이들의 대다수를 차지하는 인문계 출신 콘텐츠 제작자들의 눈높이를 최우선으로 고려한 이유도 있다. 너그러운 양해와 피드백 부탁드린다. 매일 노심초사하며 프로그램을 짓고 있지만, "요즘 누가 라디오 듣나?"라는 말에 상처받고 허탈해하는 라디오 선후배들이 희망을 찾는 데 작은 도움이라도 되길 바란다. 추억의 미디어로 잊고 있던 라디오가 사실 손에 잡히는 가능성의 매체란 것을 독자들께서 알아차려 주신다면 더없이 기쁠 것이다.

2025년 9월 상암동에서

임재윤 faceit@mbc.co.kr

차례

01

라디오의 그림자 단어, 위기와 몰락

위기와 몰락은 라디오 역사의 초창기부터 함께한 단어들이다. 100여 년 전 당시 최첨단 기술들의 조합으로 탄생한 최초의 전자 기술 매스 미디어 라디오는 혁신적 전파력과 생생함으로 기존 매스 미디어인 신문과 잡지를 압도했지만, 미디어의 왕좌에 머무른 시기는 길지 않았고 곧 기나긴 위기와 극복의 역사가 시작된다.

라디오의 위기와 몰락에 대한 우려는 참 오래된 이야기다. 20세기 초 당시 최첨단 기술들의 조합으로 탄생한 '최초의 전자 기술 매스 미디어' 라디오는 이전에 상상하지 못했던 까마득한 거리를 뛰어넘는 혁신적 전파력, 소리를 그대로 전달하는 생생함으로 기존 매스 미디어인 신문과 잡지를 압도했다. 하나의 목소리를 수백수천만 명에게 동시에 전달하는 기술의 정치적 가치를 알아본 각국 정부들은 대량 생산으로 수신기 가격을 낮춰 라디오 보급을 독려했고, 신문의 어려운 글 대신 쉬운 말로 전하는 뉴스와 오락에 맛 들인 대중이 호응하며 라디오의 시대가 열렸다.

그러나 라디오가 매스 미디어의 왕좌에 있던 시기는 그리 길지 않았다. 방송의 강력한 전파력에 영상의 몰입감을 더한 TV가 등장한 이후, 라디오는 새로운 기술이 등장할 때마다 늘 매체 소멸의 위기감 속에 살아가게 된다. 라디오는 유년기부터 늘 위기 속에 커 왔다 해도 과언이 아니다.

하지만 이런 라디오의 역사는 또한 매체 위기 극복의 역사였다. TV에 거실을 내주던 라디오는 크고 무거운 진공관을 대체할 수 있는 트랜지스터를 발 빠르게 채용, 들고 다닐 수 있는 수신기로 '모바일 미디어'라는 비교 우위를 만들어 낸다. '영상 결여'라는 약점을 '시각의 자유'로

뒤집은 자동차에서는 TV를 완벽하게 따돌렸다. FM은 AM 대비 전달 범위가 좁아서 주목받지 못하기도 했지만, 고음질 특성 덕분에 레코드 산업과 공생 관계를 맺고 음악 산업의 큰손으로 나설 수 있었다. 이후 원하는 음악을 언제 어디서든 듣게 해 주는 워크맨이 강력한 경쟁자로 떠오르자, 팩스 등 청취자 피드백 기술의 다양화를 통해 지역성과 생활 밀착성을 강화하고 음악 장르 채널을 다양화하면서 새로운 활로를 마련했다. 위기는 주로 기술 변화에서 비롯됐고, 그 위기를 타 넘는 해법 또한 새로운 기술의 활용 또는 기술 특성에 기반한 콘텐츠 전략이었다.

독점적 비교 우위들의 동시 붕괴

경쟁 매체에 비해 덩치는 밀리더라도 나만의 비교 우위가 있었던 과거와 달리, 인터넷-스마트폰-AI로 이어지는 디지털 혁명은 라디오의 기존 비교 우위를 일시에 무너뜨리고 새로운 돌파구는 좀처럼 찾기 어려운 방향으로 진행되고 있다. 과거 대학의 방송 원론 교과서에서 라디오만의 강점으로 꼽던 휴대 편의성, 병행성, 조작 편의성, 제작 편의성 등은 이미 더 이상 라디오의 독점적 비교 우위라 말하기 어려워졌다.

휴대 편의성

트랜지스터나 IC 칩으로 라디오 수신기를 아무리 작게 만들어도 사람들은 더 이상 라디오 단일 기능의 수신기를 들고 다니지 않는다. 카메라, 계산기, 손전등, 워크맨, MP3 플레이어, 스피커, 수준기, 리모컨 등 스마트폰에 잡아먹힌 물건들은 각자 독립적으로 존재하는 경우는 크게 줄었더라도 그 기능은 스마트폰의 한 부분으로 작동하고 있다. 그러나 AM/FM/DAB 등 방송망 라디오는 오히려 스마트폰에 제대로 올라타지도 못해서 수용자로부터 멀어지고 있다(방송 채널을 앱을 통해 스트리밍으로 서비스하는 인터넷 라디오는 좀 더 다른 차원의 개념이다. 이에 대해서는 뒤에서 별도로 다룬다). 피처폰부터 초기 스마트폰 모델까지는 FM 라디오가 휴대전화에 내장되기도 했다. 그러나 블루투스 이어폰이 대세가 되어 안테나 역할을 하는 유선 이어폰을 스마트폰에 꽂을 수 없게 되자, 스마트폰 제조사들은 라디오 기능을 아예 삭제했다. 모바일 데이터 요금이 낮아지는 등 모바일 인터넷 접속 환경이 개선된 것 역시 스마트폰에서 지상파 라디오 부품을 제거하게 된 또 다른 요인이다.

병행성

청각 매체는 수용자의 단순 반복적 활동(운전, 도보, 가사, 스포츠 등)과 병행할 수 있어서 하루 24시간의 제약을 뛰어넘을 수 있다. 과거 대학교 방송 원론 교과서에서 병행성을 라디오의 대표적 비교 우위로 언급했던 이유는 당시 간편하게 이용할 수 있는 오디오 매체가 주로 라디오뿐이었기 때문이다. 유일한 경쟁 상대였던 음반 매체는 재생 기기와 콘텐츠 저장 수단(레코드, CD, MD, 카세트테이프 등) 양쪽이 필요했고, 콘텐츠도 무료가 아니었다. 인터넷이 깔리고 MP3 플레이어가 보급되면서 좀 더 편해지긴 했지만, 여전히 선을 통한 다운로드가 필요했다. 그러나 스마트폰과 모바일 인터넷이 일반화되면서 이런 제약은 사라졌고, 병행성에 대한 라디오의 독점력도 크게 약화되었다.

라디오가 병행성에 대한 종주권을 포기하게 된 결정적 계기는 자동차의 커넥티드 카(인터넷이 상시 연결된 자동차) 전환이다. 현재 국내 신차 대부분을 차지하는 커넥티드 카에서는 마치 스마트폰처럼 미디어 앱들이 깔리고 있는데, 이들 중 오디오 서비스(음악 서비스, 팟캐스트, 오디오북 등)는 추가 데이터 요금을 따로 받지 않는다. 라디오가 터줏대감이었던 자동차에서도 인터넷 스트리밍 방식의 오디오 매체들이 라디오와 직접 경쟁할 환경이 완성된 것이다. 현대기아차 그룹은 EV9 등 2024년 출시한 모델들부터 대시보드에 있던 라디오 물리 버튼을 없애고, 대신 넓은 터치스크린에 복수의 인포테인먼트 앱들을 병렬 배치했다. 독립된 플라스틱 버튼으로서 잘 보이고 손 닿기 쉬운 자리를 차지하고 있었던 라디오는 화면에서 필요할 때만 등장하는 앱이 되어 다른 오디오 미디어 앱들과 어깨를 나란히 해야 하는 수모를 겪게 되었다. 여기에 더해 자동차가 결국 자율 주행으로 발전하는 것이 정해진 미래라는 점도 라디오의 고민을 깊게 하고 있다. 전방 주시가 필요 없는 자동차에서 병행성은 더 이상 강점이 될 수 없기 때문이다.

조작 편의성

라디오의 매력 중 빼놓을 수 없는 것이 간편함이다. 누르거나 돌리는 손동작 한 번에 바로 콘텐츠(소리)가 쏟아진다. 다이얼을 돌려 수십 개 채널을 브라우징하는 것도 순식간이다. 레버 하나로 물을 틀고 잠그고 유량도 조절할 수 있는, 수도꼭지같이 단순한 조작 편의성은 라디오와 TV만의 강점이었고, 특히 전방을 주시해야 하는 운전 중에는 라디오만큼 편한 것이 없었다. 그러나 음악 서비스, 팟캐스트, 오디오북, 영상 OTT 등 미디어 대부분을 빨아들인 스마트폰에서는 라디오가 더 이상 간편한 매체가 아니다. AM/FM 수신 기능이 스마트폰에 내장되었더라도 안테나 역할을 해 줄 이어폰을 꽂아야만 채널 주파수를 잡을 수 있다. 국내에서 스트리밍 방식으로 라디오 채널을 듣고자 하면, 방송사마다 각자 운영하는 앱을 따로따로 설치하고 그들의 서로 다른 사용법을 익혀야 한다. 마치 방송사마다 전용 수신기를 따로 쓰기를 강요받는 셈이다.

라디오가 자동차에서 갖고 있던 조작 편의성 우위 역시 사라지고 있다. 기존 자동차에서 라디오는 손만 뻗으면 닿는 위치에 별도의 버튼으로 존재하며 쉽게 조작할 수 있었다. 그러나 물리 버튼이 대부분 터치스크린으로 흡수되고, 자동차의 커넥티드 카 전환으로 경쟁 매체들이 많아지면서 라디오의 접근성은 점차 떨어지고 있다.

제작 편의성과 기동성

마이크, 심지어 전화만 있어도 사건 현장을 연결하고 당사자를 바로 인터뷰할 수 있는 기동력은 라디오만의 강점이었다. 하지만 비디오카메라부터 화상 전화, 중계차, 제작 스튜디오, 그리고 콘텐츠 소비 역할까지 모두 가능한 스마트폰이 등장하면서, 그리고 이 올인원(all-in-one) 하드웨어에 소프트웨어(애플리케이션) 형태의 콘텐츠 저작 도구가 얹히면서 이제 제작 편의성과 기동성을 라디오만의 비교 우위로 꼽는 것은 겸연쩍은 일이 되었다. 2024년 12월 3일, 불법 계엄령 발표 직후 국회 곳곳의 생생한 영상을 온 국민에게 실시간 중계한 것은 스마트폰이었다. 4K 영화를 아이폰으로 찍고, 편집하고, 특수 효과까지 더해서 영화로 배포할 수 있는 시대, 심지어 AI 도구가 기획 · 촬영 · 편집 과정을 GPU 안에서 처리해 버리려는 시대에 라디오의 제작 편의성과 기동성을 논하는 것은 의미 없는 일이 되었다.

디지털 혁명 이후 한국 라디오 산업 상황

그렇다면 실제로 디지털 미디어 혁명 이후 한국 라디오 산업은 어떤 변화를 겪었을까? 인터넷, 스마트폰, 스마트 카 인포테인먼트, AI 등 라디오에 큰 영향을 미쳤던 디지털 기술들의 대중화 시기를 기준으로 한국 라디오가 걸어온 길을 짚어 보았다.

인터넷(브로드밴드) 대중화(2000~2009년)

국내에서 초고속 인터넷이 일반화된 시기는 IMF 구제 금융 이후 김대중 정부 시절인 2000년대 초반이다. 하나로통신이 세계 최초의 ADSL 서비스를 개시한 해가 1999년, 초고속 인터넷 가입 가구 수가 1000만 가구를 돌파한 시점이 2002년이다. 집과 사무실 PC에 인터넷이 연결되면서 검색 포털[1997년 '다음(Daum)', 1999년 네이버 출시], 메신저(2003년 네이트온 출시), SNS(1999년 싸이월드 출시), 온라인 게임(1998년 리니지 출시) 등 인터넷 미디어에 쓰는 시간이 폭발적으로 늘어났다. 젊은이들의 밤을 장악하고 있던 심야 라디오 프로그램들이 영향을 받았다. 음악을 MP3로 내려받아 듣는 습관도 이때 생겼다. 워크맨이 MP3 플레이어로 대체되었지만, 국내에선 아직 점유율이 높지 않았던 애플 아이팟을 제외한 MP3 플레이어 대부분은 여전히 FM 라디오 기능을 탑재하고 있어 라디오에 부정적 영향만 있는 것은 아니었다.

라디오 방송사들이 스트리밍 서비스를 본격적으로 시

작한 것도 이때다. 가정과 사무실에서 FM 수신기가 퇴장하고 있는 추세에 고민이 깊어지던 방송사들은, 이미 사람들 책상에 놓여 있던 PC에 '위젯(PC의 애플리케이션으로 이해해도 무방하다) 방식의 라디오'를 심기로 한다. 인터넷의 양방향성을 활용, 제작진과 직접 소통할 수 있는 메신저까지 결합한 '라디오 위젯'들이 경쟁적으로 나왔다(2006년 2월 MBC mini를 시작으로, KBS KONG, SBS 고릴라, CBS 레인보우, EBS 반디까지 불과 2년 내에 출시). 당시 MBC mini와 SBS 고릴라의 인기 시간대 동시 접속자 수는 10만 명을 오르내릴 정도로 – 요즘 인기 유튜브 라이브나 온라인 게임의 동시 접속자 수와 비교해 봐도 크게 밀리지 않는 수치다 – 청취율 방어에 큰 역할을 했다. 지상파 라디오 스트리밍 서비스의 대명사인 영국 BBC의 아이플레이어(iPlayer)가 2007년에 출시되었다는 점에 비춰보면 거의 세계 최초 수준의 발 빠른 대응이었다.

인터넷 미디어에 많은 시간을 쓰고 있던 젊은 층의 이탈은 상당했지만, 자동차 대수의 지속적 증가, 주요 지상파 채널들의 스트리밍 라디오 위젯의 보급, 〈손석희의 시선집중〉 등 2000년 이후 등장한 출퇴근 시간대 인터뷰 시사 프로그램 포맷의 강세 등이 받쳐 주던 한국 라디오 산업은 매출 기준으로 2007년(5341억)[3)]에 역대 최고점을 찍고 이후 서서히 가라앉기 시작했다.

모바일 인터넷(스마트폰) 대중화(2010~2020년)

2009년 11월 아이폰이 국내에 들어온 지 단 1년 만에 전국민의 40%가 스마트폰으로 갈아탔다. 스마트폰의 등장은 두 가지 점에서 라디오의 비교 우위를 흔드는 사건이었다. 고정된 장소에 묶여 있던 인터넷을 모바일로 풀어 주었고, 기존에 각자 별도로 존재하던 여러 도구와 서비스를 무형의 애플리케이션으로 만들어 들고 다닐 수 있게 해 준 것이다. 포털, 메신저, SNS, 게임, 음악 서비스 등 올드 미디어들로부터 사람들의 시간을 빼앗아 간 인터넷 미디어들이 장소 제약을 벗어나 사람들의 손에 쥐어지자, 라디오의 입지는 더 약해졌다.

라디오 방송사들도 PC에 깔았던 스트리밍 위젯을 앱으로 만들어 보급했지만, 수많은 앱들과의 경쟁에서 선택되기는 쉽지 않았다. 세계 각국의 라디오 업계는 FM이 재난 대비 매체, 무료 보편 매체임을 명분으로 스마트폰 제조사

---

3) 정보통신정책연구원(2008). 『방송산업실태조사보고서 2008』. 방송통신위원회. 29쪽.

에 FM 라디오 수신 기능 활성화를 요청했다. 하지만 시장의 절반을 차지하는 애플 아이폰은 이를 전혀 수용하지 않았고, 안드로이드폰 제조사들 역시 플래그십 모델에서는 FM 라디오를 번거롭게 여겨 보급형 모델 일부에만 탑재했다. 가장 협조적이던 LG전자가 2021년 스마트폰 사업에서 철수하고, 블루투스 무선 이어폰이 대세가 되어 안테나 역할을 하던 유선 이어폰 사용이 급격히 줄어들자 결국 '스마트폰 FM 탑재 추진'은 동력을 잃게 된다.

이 시기 국내 라디오 산업은 꾸준하게 내리막길을 걷는다. 정부(방송통신위원회)가 라디오 산업의 위기 타개를 위해 최초이자 마지막으로 꾸렸던 공식 위원회, '지상파 라디오 진흥 자문 위원회'의 보고서("라디오 방송 진흥을 위한 정책 건의서", 2020년)에 따르면, 2010년에 약 3373억 원이었던 국내 라디오 산업 연간 매출은 2019년에 2933억 원 수준까지 축소되었다. 같은 기간 전체 방송 사업 매출은 76% 성장했지만, 라디오만은 유일하게 역성장했다. 라디오의 핵심 수익원인 광고 매출 하락 폭은 더 컸다. 2010년 2541억 원에서 2019년 1608억 원으로 36.7% 급감, 전체 방송 광고 시장의 감소율(-10.2%)을 크게 웃돌았다.

그림 1-1. 스마트폰 내장 FM 작동 예

삼성의 보급형 스마트폰 갤럭시 xCover5 모델에서 내장된 FM 기능으로 라디오를 재생한 장면. 이어폰 케이블이 수신 안테나 역할을 하기 때문에 이어폰을 꽂아야만 작동된다. FM 방송망을 통한 청취이기 때문에 인터넷 데이터 사용 없이도 라디오를 들을 수 있다(필자 촬영 이미지).

카 인포테인먼트 혁신기(2010년대 후반)

고정된 공간(유선 인터넷)과 움직이는 개인(스마트폰)을 차례로 접수한 인터넷은 드디어 라디오의 독무대였던 자동차에 진입한다. 자동차는 한국의 라디오 청취 장소 중 압도적 비율(조사에 따라 다르지만 70~75% 정도)을 차지하고 있기 때문에 자동차의 변화는 라디오 청취 행태에 가장 큰 변화 요인이 될 수밖에 없다.

무선 인터넷이 자동차에 연결되는 방식은 두 가지, 스마트폰 화면을 자동차 대시보드 화면에 띄워 주는 미러링[애플 카플레이(Apple Carplay), 안드로이드 오토(Android Auto)]과 자동차가 직접 무선 인터넷망에 접속하는 커넥티드 카다. 미러링인 애플 카플레이와 안드로이드 오토가 출시된 시기는 각각 2014년, 2015년이지만, 한글화와 국내 앱들의 지원 등이 완비되어 원활하게 돌아가기 시작한 시점은 2018년이다. 국내에서 본격적으로 시작된 커넥티드 카 서비스인 '제네시스 커넥티드 서비스'가 2017년에 나왔으니, 미러링과 커넥티드 카의 국내 진입은 2010년대 후반으로 봐도 무방하다.

카 인포테인먼트 미러링은 스마트폰 앱들 중에서 운전 중에 써도 안전을 해치지 않는 것들—주로 내비게이션, 오디오 미디어(음악 서비스, 팟캐스트, 오디오북 등), 메신저 앱들이 대상–을 차량 대시보드 화면에 최적화된 형태로 띄워 주는 것이다. 애플 카플레이나 안드로이드 오토 OS를 내장하고 터치스크린을 갖춘 자동차에서 작동한다. 인터넷망에 접속하는 것은 스마트폰이기 때문에 자동차는 인터넷망 접속이 필요치 않다. 미러링 서비스를 연결하면 대시보드 스크린이 스마트폰 화면의 연장선이 되기 때문에 그 밖에 있는 매체(라디오나 DMB)의 사용 빈도는 떨어질 수밖에 없다. 운전석에 앉으면 자연스럽게 스마트폰을 연결하는 세대에게 자동차 미러링은 라디오를 더 멀리할 수밖에 없는 진화다.

자동차가 인터넷에 접속하는 두 번째 방식인 커넥티드 카는 자동차가 직접, 상시로 무선 인터넷망에 접속한다. '012-XXXX-XXXX' 같은 사물 인터넷용 데이터 번호(차량용 USIM)를 갖고 있는, 말 그대로 '바퀴 달린 스마트폰'이다. 국내 커넥티드 카의 시초는 2003년 현대기아차가 내놓은 텔레매틱스 서비스 '모젠(Mozen)'이고, 2020년대 이후 출시 차량 대부분은 커넥티드 카다. 내 차가 커넥티드 카인지 궁금한가? 스마트폰처럼 대시보드 스크린 화면 구석에 통신망('LTE' 또는 '5G')과 안테나 강도가 표시되면, 무선으로 차량이 업데이트되면(OTA 업데이트), 스마트폰 앱으로 원격 시동을 걸 수 있으면 커넥티드 카다. 모두 차량이 인터넷에 연결되어야 가능한 기능들이기 때문이다.

커넥티드 카는 데이터 통신을 하므로 데이터 요금을 내야 하지만, 현대기아차를 비롯한 국내 완성차 브랜드들 대부분은 출고 후 5년간 커넥티드 카의 기본 데이터 요금을 면제하고 이후 연 5~6만 원 정도의 유료 요금제로 전환하는 정책을 쓰고 있다(신차 대부분이 커넥티드 카로 보급된 시기가 2020년부터이기 때문에, 2025년부터는 데이터 요금을 별도로 내는 시기가 이제 막 시작되고 있다. 그래서 대다수 운전자는 출고 후 5년이 지나기 전까지 커넥티드 카 요금이 있다는 사실을 모르는 경우가 많다). 데이터 소비가 막대한 영상 서비스나 무손실 음원 서비스를 커넥티드 카에서 쓰려면 추가 데이터 요금을 내야 하지만, 일반 음악 서비스나 팟캐스트 등 기본 오디오 콘텐츠 송수신은 기본 데이터 요금제에 포함되기 때문에 커넥티드 카에서 이들을 듣는 것과 라디오를 듣는 것에는 비용 차이가 없어졌다(현대기아차 기준, 2024년 7월 이후). 차에서 라디오의 독점력을 지켜 주던 진입 장벽 하나가 사라진 것이다. 심지어 IT 빅테크-통신사가 만든 커넥티드 카 인포테인먼트 시스템은 아예 FM 라디오가 인터넷망 오디오 서비스보다 접근이 어렵게 만들어진 경우도 있다. 국내 볼보(Volvo) 자동차에 장착된 T맵 인포테인먼트의 경우, 첫 화면에 크게 배치된 오디오 미디어는 SKT의 음악 서비스 'FLO'다. FM 라디오를 틀려면 화면을 뒤져야 하고, 막상 들어가 봐도 그 사용자 인터페이스(User Interface, UI)가 여타 오디오 미디어들에 비해 낙후되어 있어 쓰기 불편하다. 필자도 이 시스템을 처음 접했을 때 FM 라디오 메뉴를 바로 찾지 못해서 음성 인식으로 라디오를 켰을 만큼 접근성과 사용성이 떨어진다.

2023년 12월 말 기준으로 국내 커넥티드 카는 약 825.4만 대, 등록된 승용 차량의 31.8%를 차지[4)]하고 있으며 현재 출시 중인 신차 대부분이 커넥티드 카이므로 결국 모든 차가 커넥티드로 전환되는 것은 정해진 미래다. 미러링인 애플 카플레이와 안드로이드 오토를 지원하는 차량은 이보다 훨씬 많다. 자동차에서 스마트 미디어 지원을 강조하는 완성차 제조사들은 신차에서 라디오 물리 버튼을 삭제하거나, 미디어 범주 아래 여타 경쟁 미디어들과 병렬 배치하는 등 라디오의 기존 접근성 우위를 축소하고 있

---

4) 과학기술정보통신부(2024). 차량데이터 이용 현황 및 보험회사 시사점. KIRI, 연구보고서 2024-09. 16쪽.

다. 해외와 달리 신차로 가득한 도로 풍경만 봐도 알 수 있듯, 한국은 세계적으로도 차량 교체 주기가 가장 빠른 편에 속한다. 한국은 카 인포테인먼트 변화에서도 세계에서 가장 앞서 달리는 나라이고, FM 라디오 입장에서는 자동차라는 텃밭을 가장 빠르게 잃어 갈 상황에 처해 있다.

통계로 보는 2025년 한국 라디오

방송통신위원회와 한국정보통신진흥협회는 매년 '방송매체 이용 행태 조사'를 실시한다. 우리나라 사람들이 미디어를 어떻게 이용하는지 살펴볼 수 있는 자료로는 국내에서 가장 방대하고 구체적인 내용을 담고 있는 보고서다. 여기서 매년 빠지지 않는 항목이 '매체 이용 빈도' 조사인데, TV, 라디오, 신문 등 전통 미디어는 물론 PC, 스마트폰, 그리고 최근에는 게임기와 음성 인식 스피커까지 사람들이 시간을 쓰고 소통하는 매체들을 계속 추가하면서 이들이 각각 얼마나 자주 쓰이는지 조사하여 발표한다. 여기서 이용 빈도는 네 가지로 구분하는데, 첫 번째는 거의 매일 쓰는 경우(5일 이상), 두 번째는 한 주에 한 번은 쓰는 경우, 세 번째는 한 달에 세 번 이하로 쓰는 경우, 마지막으로 전혀 안 쓰는 경우다. 온라인에서 찾을 수 있는

2009년 자료부터 가장 최근에 발표된 2024년 자료까지 16년간의 변화를 살펴보면, 라디오를 거의 매일 듣는 비율이 2009년 20.2%에서 2024년 5.8%로 70% 정도 줄어들었고, 일주일에 1~4번 듣는 비율은 2009년 14%에서 2024년 6.7%로 반 토막 났다. 일주일에 한 번 이상은 들어야 '라디오를 듣는 사람'으로 간주할 수 있으니 이 두 그룹을 합해 보면, 2009년부터 2024년까지 15년 동안 라디오를 듣는 사람이 1/3로 줄었다고(34.2% → 12.5%) 볼 수 있다. 한편 한 달에 세 번 이하 듣는 사람의 비율은 같은 기간 3~7% 사이를 오르내리고, 라디오를 전혀 듣지 않는다고 답한 비율은 61.5%에서 81.4%로 확실하게 늘었다.

02

라디오 사양화는 글로벌 트렌드라는 오해

업계 안팎을 가리지 않고 라디오의 산업적 퇴장을 기정사실로 받아들이는 분위기다. 정부는 진흥 정책에 손을 놓고, 방송사들 자신도 위기 극복을 위한 노력과 투자에 인색하다. 라디오의 침체를 세계적 흐름으로 단정 짓는다. 그리고 이런 섣부른 일반화는 라디오 산업 주요 이해관계자들이 혁신을 회피하는 변명이 되기도 한다.

국내 라디오 상황이 이렇다 보니 업계 안팎을 가리지 않고 라디오의 산업적 퇴장을 기정사실로 받아들이는 분위기다. 정부는 진흥 정책에 손을 놓고, 방송사들 자신도 위기 극복을 위한 노력과 투자에 인색하다. 특히 콘텐츠 교류가 활발한 TV와 달리 라디오는 해외 상황을 알기 어렵다 보니 국내에서 느끼는 라디오의 침체를 세계적 흐름으로 단정 짓는 경우가 많다. 그리고 이런 섣부른 일반화는 라디오 산업 주요 이해관계자들이 혁신을 회피하는 변명이 되기도 한다.

그러나 세계 각국의 라디오 산업을 자세히 살펴보면 위기를 대하는 태도와 결과에서 큰 차이가 있음을 알 수 있다. 우리처럼 산업 매출과 이용률이 매년 날개 없이 추락 중인 나라도 있지만, 어느 정도 내려간 후에 하향 안정화되어 바닥을 다지거나 오히려 상승하는 국가도 있다. 이런 추세로 가면 산업적 의미가 없어지겠다 싶은 곳도 있지만, 새로운 비교 우위를 찾아 부단히 변신을 거듭하는 곳이 공존한다. 라디오 산업의 몰락이 세계적 현상이라고 단정 짓는 것은 섣부른 오해일 수 있다.

호주와 영국은 디지털 라디오 플랫폼(DAB+)을 중심으로 청취 환경을 혁신하고, 라디오 매체에 대한 긍정적 브랜딩 노력과 공격적 마케팅을 통해 청취자 기반을 견고히 유지하고 있다. 일본은 지역성과 디지털화를 균형 있게 접목해 라디오 산업 추락에 제동을 걸고 있다. 미국은 위성 라디오와 인터넷 라디오, 팟캐스트 등 새로운 플랫폼으로 산업을 분화 확대하면서 여전히 높은 매출을 유지하고 있다. 반면 한국 라디오 산업은 청취 시간과 매출의 급격하고도 지속적인 하락을 숙명으로 받아들인 듯, 위기 타개를 위한 뚜렷한 조치 없이 급경사를 내려가고 있다.

위기를 견고하게 방어하거나 반등하고 있는 국가들은 몇 가지 공통점을 보인다. 첫째, 라디오를 AM, FM, DAB 등 송출 방식에 가두어 정의하지 않기 때문에 청취자의 선호 플랫폼에 맞춰 라디오 플랫폼도 유연하고 발 빠르게 다양화한다. 그래서 아날로그 AM/FM에 디지털 라디오, 디지털 TV 오디오 채널, 인터넷 스트리밍, 음성 비서 스피커까지 기술 발전 단계에 따라 멀티 플랫폼 체계를 유연하게 확장해 간다. 다음으로 업계 공조다. 새로운 플랫폼의 구축, 단말기 보급, 외부 산업 플랫폼과 디바이스에 라디오의 자리를 만드는 일은 단일 방송사를 넘어 업계 차원의 협상력과 마케팅이 필요하다. 디지털 라디오 도입 과정에서 보여 준 유럽 각국 라디오 업계 및 글로벌 공조, 변화하는 카인포테인먼트에서 라디오의 지위를 지키기 위해 미국·유럽·호주 라디오 업계가 공조하여 거대 완성차 기업 및 IT

빅테크들과의 협상 창구를 만드는 노력들이 그 예다. 지금부터 한국 라디오의 선입견을 녹여 줄 라디오 강국들의 사례를 둘러보고, 끝으로 한국 라디오가 글로벌 라디오 산업 트렌드와 동떨어진 상황과 그 이유를 짚어 본다.

영국: 라디오 산업의 표준을 제시해 온 롤 모델

영국은 라디오 산업 생태계와 매체 진흥 정책 구조가 잘 발달했다. 산업 공통 과세 해결을 위한 진흥 기구(Radiocentre)는 물론, 산업 가치 측정 지표에 해당하는 청취율의 공신력을 높이기 위해 청취율 조사 전문 기구 라자르(RAJAR, Radio Joint Audience Research)까지 두고 있다. 사회적 책무가 강조되는 동시에 상업적 발전도 지속해야 하는 라디오의 과제를 잘 수행하도록, 공영 라디오 BBC와 상업 라디오들이 각자 뚜렷한 색깔을 가지고 사업을 전개하면서도 매체 공통 과제(디지털 라디오와 통합 플랫폼 등)에서는 효율적으로 공조한다. 영국 라디오는 여전히 강력한 청취자 기반과 수익 구조를 유지하고 있으며, 그 산업 구조와 진흥 정책은 라디오 산업의 이상적 롤 모델로서 국제적 영향력을 갖고 있다.

RAJAR 인포그래픽에 드러나는 영국 라디오의 방향성

영국 라디오의 청취율과 이용 행태를 조사하는 공식 기구 라자르(RAJAR)가 자국 라디오 산업을 어떻게 규정하고 측정해 왔는지 살펴보면, 영국 라디오가 기술 발전과 청취자 행태 변화에 따라 스스로를 유연하게 재정의하면서 발전해 왔음을 알 수 있다. 라자르 웹사이트에는 '모든 청취, 모든 플랫폼(All listening, all platforms)'이라는 슬로건과 라디오를 들을 수 있는 다양한 기기의 아이콘들이 배경 그림으로 깔려 있다. 플랫폼과 청취 도구를 가리지 않고 라디오 채널의 청취량과 청취 방식을 측정해서 알려 주겠다는 의지를 보여 주는 것이다. 웹사이트 상단의 '청취 수치(Listening Figures)' 탭으로 커서를 옮기면, 지역과 채널 등 다양한 기준으로 구체적인 청취율 수치를 보여 주는 메뉴가 나타난다. 채널과 프로그램의 성과 지표가 구체적으로 공개되어 있어서, 객관적이고 투명한 데이터에 근거한 수익 모델(광고 거래 등) 작동이 가능하다. 민간 조사 기업이 소규모 표본으로 진행하는 비공개 보고서가 유일한 청취율 자료인 한국과는 차원이 다른 공신력이 확보된다.

그림 2-1은 라자르가 분기마다 발표하는 인포그래픽이다. 영국 라디오의 현황과 전략을 한눈에 파악할 수 있는 중

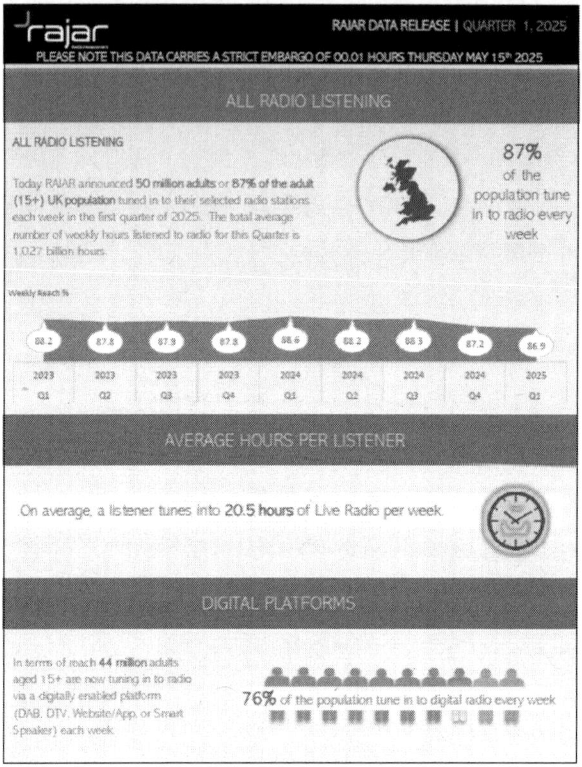

그림 2-1. 라자르 2025년 1분기 인포그래픽(앞부분)

요한 문서이므로 세 부분으로 쪼개서 차근차근 뜯어보자.

인포그래픽 맨 위 '전체 라디오 청취(ALL RADIO LISTENING)'에서는 15세 이상 영국인 중 매주 라디오를 듣는 비율 86%(2024년 방송 매체 이용 행태 조사에서 라디오를 전혀 듣지 않는다고 답한 비율이 81.4%인 데 비하면 놀라운 수치다)를 라디오 청취 인구로 제시하고, 이 비율이 지난 9분기 동안 어떻게 변하고 있는지를 그래프로 보여 준다. 이어서 청취자 한 사람이 평균적으로 주당 몇 시간 라디오를 듣는지(AVERAGE HOURS PER LISTENER)가 나온다. 20.5시간이면 하루 3시간 정도다.

세 번째로 나오는 수치는 디지털 플랫폼을 통한 청취다. 라자르는 디지털 지상파망 플랫폼(지상파 디지털 라디오 DAB + 지상파 디지털 TV)과 인터넷망 플랫폼(웹사이트 + 스마트폰 앱 + 스마트 스피커)을 합쳐서 '디지털 플랫폼'으로 정의한다. 즉 전통 아날로그 지상파망 플랫폼(AM/FM)을 제외한 다른 모든 라디오 청취 경로가 '디지털 플랫폼'이다. 디지털 라디오가 도입되지 않았고, 디지털 TV에서 라디오를 재전송하지 않으며(반면 해외의 디지털 TV에는 영상 채널 외에도 정지 영상에 오디오만 나오는 채널들이 있는 경우가 많다), 스마트 스피커에서 라디오를 청취하는 비율이 미미한 한국에 비해 디지털 플랫폼의 범위가 넓고 종류가 다양하다. 영국 라디오는 멀티 플랫폼을 지향하지만, 효율이 떨어지는 아날로그 플랫폼은 결국 디지털로 대체하는 것이 목표라서 이 수치(75%)를 강조한다.

영국에서 라디오 청취가 가능한 플랫폼을 모두 보여 주는 지표[그림 2-2의 '전체 청취 중 개별 플랫폼 점유율(PLATFORM SHARE OF ALL RADIO LISTENING)]'는 그 뒤에야 나온다. 앞서 보여 준 디지털 플랫폼들에 AM/FM 아날로그 라디오까지 각 플랫폼의 점유율을 보여 준다. 영국은 일찌감치(1990년대 중반) 디지털 라디오를 도입했지만, 상당 기간 보급이 답보 상태여서 고민이 많았다. 끈기 있게 밀어붙인 끝에 2010년대 중반부터 DAB(Digital Audio Broadcasting) 보급률이 치고 올라갔고 결국 영국 최대 라디오 플랫폼(42%)으로 올라섰다. 많은 채널이 여전히 AM/FM으로도 동시 재전송되지만, 가장 많은 채널을 제공하는 기본 플랫폼은 이제 DAB다. 27%의 AM/FM이 두 번째로 나와 있지만, 웹사이트·스마트폰 앱·DTV·스마트 스피커를 합친 온라인 청취(31%)에도 이미 밀렸다. 영국 라디오의 아날로그 종료 계획에 힘을 싣는 지표다.

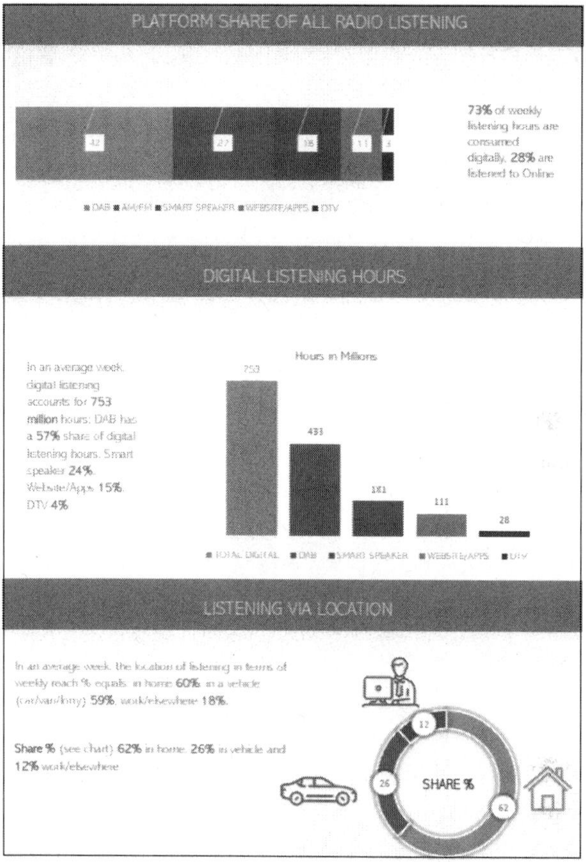

그림 2-2. 라자르 2025년 1분기 인포그래픽(중간 부분)

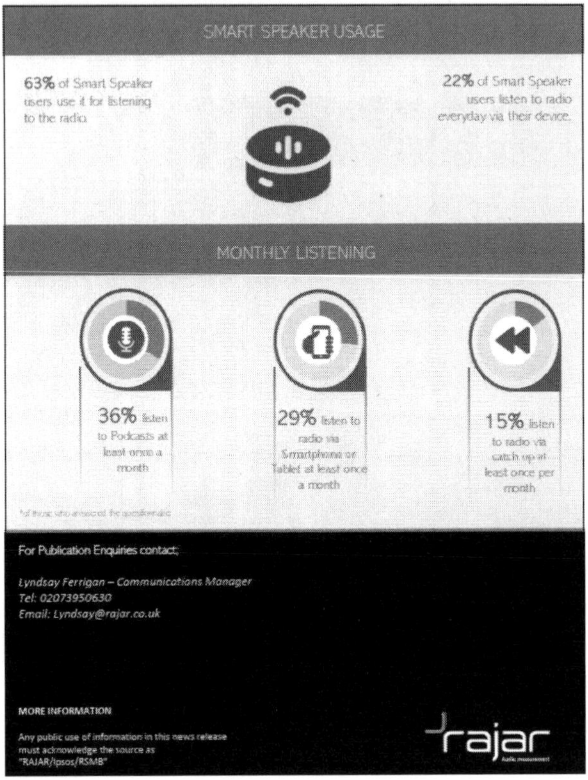

그림 2-3. 라자르 2025년 1분기 인포그래픽(아랫부분)

그다음 지표[각 디지털 플랫폼의 청취 시간 비교(DIGITAL LISTENING HOURS)]에서 주목할 부분은 스마트 스피커의 선전이다. 스마트 스피커는 국내에서도 IPTV 3사의 셋톱 박스 역할 등으로 900만 대 가까이 보급되었지만, 라디오 청취 용도로 쓰는 경우는 많지 않다. 하지만 자료에서 보듯 영국에서는 DAB에 이어 두 번째로 강력한 디지털 플랫폼으로 떠오르고 있다. 라자르 인포그래픽에서 스마트 스피커 사용 변화를 주요 지표로 측정하고 있다는 것은 스마트 스피커가 이미 필수적인 라디오 청취 기기로 떠올랐다는 사실을 말해 준다. 스마트 스피커에 대해서는 뒤에서 더 자세히 다룬다.

'청취 장소(LISTENING VIA LOCATION)'에서도 영국은 한국과 큰 차이를 보이고 있다. 한국은 자동차에서의 청취가 3/4, 나머지가 1/4 정도인데, 영국은 그 반대다. 집에 머무는 시간의 길고 짧음과도 관련 있겠지만, 자동차 밖의 라디오 청취 수단이 얼마나 풍성한지가 더 영향을 미친 것으로 보인다. 한국은 지상파 디지털 라디오가 도입되지 않았고, 기존 낡은 플랫폼(AM/FM)의 가정용 수신기를 일반 소비자가 사는 경우는 별로 없다. 스마트 스피커를 들여놓은 가정이 적지 않지만 호출해서 들을 수 있는 라디오 채널은 몇 개 되지 않고 그나마 스마트 스피커 브랜드마다 제공되는 채널 포트폴리오가 들쑥날쑥하다. 거실 TV에서는 라디오 채널이 나온다는 개념조차 없다. 결국 가정에서 안정적으로 간편하게 라디오를 들을 수 있는 기기를 찾기 어렵다. 라디오를 업으로 하는 필자조차 아파트 주방 싱크대 위에 건설사가 달아 준 FM 수신기가 유일한 라디오였다. 최근 이사한 아파트에선 그나마도 없어서 이젠 집에서 라디오를 들으려면 스마트폰 앱을 켜고, 블루투스 스피커를 켜서 둘을 연결해야 한다. 이렇듯 가정에서의 라디오 기기가 사라지다 보니 한국에서 신규 공급되는 라디오는 자동차에 내장되어 나오는 것이 대부분인 상황이 되었다. 한국에서 자동차가 라디오의 주된 청취 장소라는 얘기는 '자동차에서 라디오를 많이 듣는다'가 아니라 '자동차 밖에서 라디오를 듣기 어렵다'로 해석해야 한다.

한편 영국 가정에서는 DAB 디지털 라디오 수신기가 크리스마스나 어머니날(Mother's Day) 등의 인기 선물일 만큼 여전히 꽤 팔리고, 많은 가정이 보유하고 있는 스마트 스피커(아마존 알렉사와 구글 홈)에서도 라디오 채널 대부분을 스트리밍으로 쉽게 호출해서 들을 수 있다. BBC 등 공영 라디오 채널들은 거실 TV의 오디오 채널에서도 제공된다. 즉 한국 가정에 비해 영국 가정은 세 가지(디지털 라디오, 스마트 스피커, 디지털 TV)의 라디오 청취 도구를 추가로 가지고 있는 셈이다. 가정에서의 라디오 청취가 활발할 수밖에 없다.

그림 2-3의 '스마트 스피커 사용(SMART SPEAKER USAGE)'은 최근 2~3년 전부터 들어온 섹션이다. 스마트 스피커가 가정의 필수 아이템이면서 라디오 청취 경로가 되고 있다는 사실을 알 수 있다. 스마트 스피커 보유자의 2/3 정도가 이것으로 라디오를 듣고(63% of Smart Speaker users use it for listening to the radio), 1/5은 매일 듣는다(22% of Smart Speaker users listen to radio everyday via their device)는 것 역시 우리와 크게 다르다. 영국의 스마트 스피커에서는 채널명뿐만 아니라 다른 키워드로도 대부분의 라디오 채널을 쉽게 호출할 수 있기 때문에 라디오 청취 디바이스로 손색이 없다.

인포그래픽 마지막 주제는 '월간 청취(MONTHLY LISTENING)'를 제목으로 달고 있지만, 이 섹션에서 읽어야 할 속뜻은 온디맨드(on-demand) 오디오 청취와 스마트 모바일 청취다. 원할 때 원하는 콘텐츠를 선택해서 듣는 온디맨드 콘텐츠는 팟캐스트(podcast)로 통칭하지만, 그중에서도 방송 프로그램 출신의 캐치업(catch-up)과 애초부터 온디맨드 콘텐츠로 만들어진 오리지널 팟캐스트

(original podcast)를 구분하기도 한다. 한번 방송된 내용을 '나중에 따라 잡아 듣는다'는 뜻으로 'catch-up'이라고 부르는데, 한국에서 이를 '다시 듣기'('방송을 다시 내보낸다'는 뜻의 '재방송'에서 유래)로 부르는 것과 비교해 보면 영국의 '캐치업'은 청취자 관점의 표현이라는 차이가 있다. 방송 프로그램을 제시간에 듣든, 방송이 끝난 뒤에 듣든 결국 한 번 듣지 두 번 듣는 청취자는 거의 없다. 제작진이나 편집 혹은 확인을 위해 다시 듣는 경우가 있을까. 우리는 공급자 관점을 우선으로 해서 '再', '다시'라는 말을 떠올린 것이다. 이처럼 사소한 부분에서도 우리는 공급자 중심 사고를 갖고 있다는 것이 드러난다.

캐치업을 일반 팟캐스트와 구분해서 보는 중요한 이유는 음악 저작권 문제 때문이다. 애초부터 온디맨드 소비를 위해 기획된 팟캐스트는 콘텐츠에 삽입되는 시그널, 징글, 코드 음원 등을 자체 제작하거나 해당 용도로 구입해서 쓴다. 저작권이 문제 될 수 있는, 아티스트의 일반 발매 음악은 쓰지 않는다. 토크 장르가 기본이고 DJ 음악 프로그램 장르는 아예 논외인 미디어가 팟캐스트다. 하지만 방송 프로그램의 캐치업은 최초 제작 때 이런 고려를 하지 않는다. 방송사와 음악 권리자들은 방송에 한정해서 음악을 쓰기로 하고 음악 권리 대가를 지불하는 계약을 해 왔는데, 인터넷 기술 덕에 방송 후에도 청취자들이 각자 원하는 시점에 프로그램을 들을 수 있게 되면서, 그 안에 포함된 음악 값에 대한 문제가 불거졌다. 뭔가 새로운 것이 나오면 양측은 각자 자기가 유리한 쪽으로 해석하는 것이 인지상정이다 보니 방송사와 음악 권리자 양측의 이견은 평행선을 달렸다. 결국 세계 대부분 지역에서 라디오 방송사들은 캐치업을 포기하거나, 음악을 잘라 내고 서비스하는 방식을 택했다. 음악 비중이 높은 DJ 프로그램은 캐치업을 하지 않는 경우가 일반적이고, 애초 음악 비중이 적은 토크 프로그램 위주로 음악을 잘라 내고 캐치업을 해왔다. 음악이 포함된 그대로 캐치업을 듣고 싶은 것은 청취자들의 숙원이었는데, 드디어 2018년 영국 BBC가 'BBC Sounds' 앱에서 이걸 구현해 낸다. 프로그램 방송 이후 기간을 한정해서(영국은 한 달) 음악 포함 캐치업을 서비스하는 절충안을 만들어 냈다. 이전에도 호주나 미국에서 제한적으로 구현한 사례가 있었지만, 이렇게 전면적으로 문제를 풀어낸 경우는 영국이 처음이다. 음악 권리자들과의 끈질긴 협상과 제도 개선, 플랫폼의 기술적 과제 등 성가신 문제가 한두 가지가 아니었을 텐데, 청취자들의 수요와 요구가 있다면 어떻게든 해낸다는 영국 라디오의 수용자 중심 마인드가 드러나는 대목이다.

인포그래픽에 담긴 속뜻을 풀어내는 과정이 길어졌는데, 다시 그림으로 돌아가 보면 조사 대상의 38%가 한 달에 한 번 이상 팟캐스트를(38% listen to Podcasts at least once a month), 그중 절반은 캐치업을 듣는다고 답했다(20% listen to radio via catch up at least once per month). 조사 대상의 29%는 스마트폰과 태블릿 같은 스마트 모바일 기기로 라디오를 듣는다(29% listen to radio via Smartphone or Tablet at least once a month)고 답했는데, 이 부분은 한국과 비슷한 수치로 보인다.

디지털 라디오 도입 과정에서 보여 준 비전과 뚝심

지상파 방송 송출을 전면 포기하고 인터넷망으로 완전히 녹아들 계획이 아니라면, 라디오 방송망을 디지털 라디오로 진화시키는 것은 당연한 순서다. 채널 다양성, 사업적 유연성, 전파 자원의 효율적 사용, 에너지 효율성 등 여러 측면에서도 디지털이 아날로그보다 우월한 기술이기 때문이다. TV가 여전히 아날로그로 남아 있다면 얼마나 황당할까? 그런데 왜 같은 지상파 방송인 라디오에 대해서는 다른 잣대를 들이대는가? 하지만 안타깝게도 한국을 비롯한 여러 나라는 여러 가능성을 희생하고 비효율을 감수하면서도 여전히 아날로그 송출을 계속 이어 가고 있다. 산업이 작다 보니 지난한 전환 과정을 감당할 엄두를 내지 못하기도 하고, 치밀한 전략 없이 착수했다가 갈팡질팡, 심지어 도입했다 포기하기도 한다(홍콩 사례). 그래서 더욱 영국의 디지털 라디오 보급 30년사는 돌아볼 가치가 크다.

영국은 지상파 라디오 디지털 송출 기술인 DAB(Digital Audio Broadcasting)를 전 세계 최초로(1995년) 도입했지만, 보급률이 좀처럼 올라가지 않아 2010년대 초반까지 거의 20여 년을 고전했다. 그러나 포기하지 않고 돌파구를 모색한 끝에 마침내 DAB를 영국 라디오의 기본 플랫폼(가장 많은 지상파 채널을 제공하고, 청취 시간 점유율이 가장 높은 플랫폼)으로 안착시켰다. 앞서 라자르 자료에서도 살펴봤듯이, 현재 영국의 여러 라디오 플랫폼 중에서 가장 많은 비중(청취 시간 기준 42%, 2025년 1분기 기준)을 차지하는 것이 DAB/DAB+ 디지털 라디오다. DAB 수신기 누적 보급 대수(5559만 대), 가내 수신기 보급률(67%), 신차 디지털 라디오 탑재율(99%), 공영 방송 채널 수(66개, FM은 7개) 등 주요 지표[5]에서 디지털 라디오는

---

5) WorldDAB(2025). infographic.

영국 라디오의 메인 플랫폼 자리를 굳혔다. 영국은 이런 성과를 바탕으로 노르웨이와 스위스에 이어 아날로그 FM을 중단하고 지상파 라디오의 디지털 '전환'(FM 방송을 중단하고 지상파는 모두 DAB/DAB+로 방송)을 완성할 유력한 국가로 예상되고 있다.

통계 지표뿐만 아니라, 영국 현지에서 접해 본 디지털 라디오는 사람들에게 낯설지 않은 일상이었다. 필자는 어떤 플랫폼이 일반인들에게 받아들여지고 있는지 살펴볼 때 택시를 타서 기사에게 물어보고, 수신기를 쉽게 구할 수 있는지 여러 유통 경로를 다녀 보고, 수신기를 실제 사서 며칠 쓰면서 들어 본다. 2020년 코로나 직전 런던에 출장 가서 타 본 우버 택시들에서 DAB 채널들이 선택되고 있었고, 다양한 가격대의 DAB 라디오 수신기들을 전자 제품 양판점뿐만 아니라 백화점과 일반 마트에서도 쉽게 찾아볼 수 있었다. 한편 이와 대조적인 사례는 2013년의 홍콩이다. 당시 홍콩은 디지털 라디오 관계자들의 흥분된 전망과는 달리 전자 제품 전문점에서마저 수신기를 살 수 없었고, 택시 기사들은 디지털 라디오가 대체 뭔지 되묻기 일쑤였다. 수신기 보급 전략이 부실했던 홍콩의 디지털

---

https://www.worlddab.org/resources/infographic

라디오는 결국 도입 4년 만에 시장에서 사라졌다. 홍콩과 비슷한 시기에 DAB+를 도입했던 호주도 같은 시기에 돌아봤는데, 2020년의 영국만큼은 아니어도 마트에서 수신기를 살 수 있는 수준은 됐었고 현재 꽤 안정적인 디지털 라디오 보급 경로를 밟고 있다.

디지털 라디오가 이렇게 자리 잡기까지 영국 라디오는 칠전팔기(七顚八起), 우공이산(愚公移山), 백절불굴(百折不屈)의 과정을 거쳤다. 주요 선진국으로서 각자 나름 견고한 아날로그 라디오 산업을 갖고 있던 미국, 일본, 영국은 비슷한 시기 디지털 라디오 도입을 시작했다. 세 국가가 선택한 디지털 라디오 기술 표준과 정책 접근은 달랐지만, 모두 야심 찬 출발과 달리 오랜 기간 지지부진한 보급률로 고전했다. 30여 년이 지난 지금, 미국의 HD 라디오(HD-Radio)는 여전히 마이너 플랫폼에 머물고 있고, 일본은 지상파 디지털 송출을 포기했다. 반면 영국의 DAB/DAB+는 자국 지상파 라디오의 핵심 플랫폼이 된 것은 물론 주변 유럽 국가들의 디지털 라디오 표준으로 영역을 넓혀 가고 있다. 사회 공공 인프라인 지상파 라디오의 신규 플랫폼 도입 과정에서 이 세 나라가 어떤 접근법을 택했는지 살펴보면 영국의 성공 이유를 짐작할 수 있다.

먼저 주목할 차이점은 정부의 정책 주도성과 장기적 비

전의 유무다. HD 라디오를 기술 표준으로 택한 미국의 디지털 라디오 도입은 철저히 민간 주도로 이뤄졌는데, HD 라디오는 민간 중심으로 보급이 추진될 수밖에 없는 구조적 · 기술적 특징이 있다. 기존 FM/AM 대역을 그대로 사용하기 때문에, 디지털 라디오로 전환할 때 국가가 전체 주파수 정책을 새롭게 계획하거나 기반 인프라를 강제적으로 바꿀 부분이 미미하다. 정부 간섭이 최소화되고 기존 라디오 기업들의 선택과 기득권 보장에 유리한 방식이다. 또 HD 라디오는 원천 기술(코덱, 변조 방식 등)에 대해 사기업[초기엔 아이비쿼티(iBiquity), 현재는 엑스페리(Xperi)]이 특허권과 라이선스를 보유한 '사유(私有) 기술' 형태로 발전해 왔다. 그래서 미국의 디지털 라디오는 방송사나 제조사의 판단에 따라 점진적으로 확산을 시도했을 뿐, 연방 정부 차원의 디지털 전환 로드맵은 존재하지 않았다. 그 결과 지역 간, 세대 간 디지털 라디오 수신 환경이 불균형하게 형성되었고, HD 라디오의 청취율도 여전히 낮은 수준에 머물러 있다.

반면 영국이 택한 DAB는 기존 아날로그 FM/AM 대역과 다른 VHF 대역(주로 Band III)이나 L-밴드 등 별도의 주파수 대역을 새로 활용하기 때문에, 국가 차원에서 해당 대역 확보와 정책 수립이 필수다. 또 DAB는 유럽의 공적 연구 기관(ETSI 등)을 중심으로 표준화가 이뤄진 '오픈(공공) 표준'이다. 민간 기업이 기술에 직접 투자하거나 라이선스를 구매해 상용화하는 HD 라디오에 시장 원리가 강하게 작용하는 것과는 차이가 크다. 영국은 일찍이 이런 특성을 가진 DAB를 FM의 후속 기술로 공식 선언하고, 정부 차원의 전환 계획을 수립했다. 2010년에 발표한 '디지털 라디오 실행 계획(Digital Radio Action Plan)'은 그 대표적인 예다. 이 계획은 디지털 전환의 시간표, 기반 시설 구축 계획, 수신기 보급 방안 등을 포함한 체계적 로드맵으로서, 정부 · BBC · 민간 방송사 · 수신기 제조사 등 주요 이해당사자가 협의체를 통해 공동 추진했다. 이런 전방위적 협력 구조는 단기간의 수익보다 장기적인 디지털 생태계 조성에 초점을 맞췄다는 점에서 미국과 뚜렷한 대비를 이뤘다.

일본의 경우는 또 다른 방향성을 보여 준다. 일본은 무료 보편 서비스인 디지털 지상파 라디오보다는 위성 라디오(위성 DMB, 유료)나 IP 기반 스트리밍에 무게를 두었고, 실제로 디지털 지상파 라디오는 시범 운영 단계에서 거의 폐기 수순을 밟았다. 그 결과 일본 내에서 디지털 라디오는 대중적으로 자리 잡지 못했다. 2004년 출범했던 위성 DMB(비슷한 시기 한국에서 SKT가 추진했던

T-DMB와 유사)는 미국의 XM 위성 라디오를 참고했던 유료 서비스로서 지상파 방송의 디지털화로 보기 어려웠고, 소비자의 지갑을 열지 못한 채 결국 2009년 서비스를 종료했다. 결국 일본은 지상파 라디오의 디지털화를 제대로 시도도 못 한 채 아날로그에 주저앉은 상태가 되었다. 일본 라디오는 현재 업계 통합 IP 스트리밍 플랫폼 라지코(Radiko)에서 디지털화의 돌파구를 찾고 있다. 일본 공영방송 NHK조차 디지털 라디오보다는 IP 스트리밍 확대에 집중하고 있어서, 지상파 기반 디지털 전환 전략 자체가 실질적으로 존재하지 않는다고도 볼 수 있다.

미국과 일본의 사례에 비추어 볼 때, 영국형 디지털 전환 모델은 디지털 전환을 공공 서비스로 인식하고, 공공 주도로 추진했다는 차이점을 알 수 있다. 단순한 기술 도입을 넘어 디지털 라디오를 국민 전체가 쉽게 접근 가능한 인프라로 만들겠다는 명확한 목표 아래 정책과 산업이 움직였던 것이다. 청취 환경 전반의 구조적 변화를 유도했다는 점 역시 같은 맥락이다. 영국 정부는 신차에 DAB 수신기를 의무 탑재하도록 하고, 디지털 라디오 추진 협의체는 가정용 디지털 라디오 수신기 가격을 낮춰 청취자들이 자연스럽게 디지털로 이동할 수 있는 환경을 조성했다. 이 과정에서 방송사들은 공동 캠페인과 프로모션을 통해 수신기 제조사들의 판매를 도우며 수신기 유통에 힘을 실어 주었다.

공영 방송 BBC의 역할도 컸다. DAB 플랫폼 전용 콘텐츠를 전략적으로 배치함으로써, 청취자들에게 '디지털 라디오로만 들을 수 있는 이유'를 제공했다. BBC의 식스 뮤직(6 Music), 원 엑스트라(1Xtra), 아시안 네트워크(Asian Network) 등은 FM에서 들을 수 없는 장르 특화 채널로, 디지털 플랫폼의 차별성을 부각한 대표적 사례다.

종합해 보면 영국은 라디오의 디지털 전환을 단순한 기술적 변화로 보지 않고, 정책적 실행력, 산업 주체들의 장기적 협력, 콘텐츠 전략, 매력적 청취 경험, 수신기 보급 유인을 모두 포함한 '국가적 미디어 전략'으로 접근했다. 미국과 일본이 플랫폼 도입을 시장에 맡긴 채 각자도생의 길을 택했다면, 영국은 공공성과 일관된 정책을 바탕으로 디지털 라디오라는 새로운 시대의 문을 열었다고 할 수 있다.

한 걸음 더

디지털 라디오 도입 실패가 곧 라디오 산업 실패일까

지상파 디지털 라디오 도입에서는 영국이 미국과 일본에 비해 성공 사례인 것은 확실하지만, 디지털 라디오 도입 실패 = 라디오 산업 실패로 보는 것은 섣부른 판단일 수 있다. 각국이 라디오의 역할과 목적을 어떻게 보느냐에 따라 디지털 라디오 도입이 라디오 산업의 핵심이 될 수도 있고, 아닐 수도 있기 때문이다.

영국과 유럽 국가들은 라디오가 무료 보편 사회 인프라이며, 그 네트워크가 인터넷망과 별도로 분리되어 운영되는 것이 필수적이라는 관점을 가지고 있다. 이들 국가의 라디오 산업에서는 공영 방송이 절반 이상의 역할과 지분을 차지한다는 점도 그런 시각의 반영이라 볼 수 있다. 그래서 이들에겐 라디오의 여러 청취 경로 중에 '지상파' 라디오 '방송' 플랫폼이 기본과 핵심이 되어야 한다. 갈 길을 이렇게 정한 이들에겐 디지털 라디오 도입이 절대 가치고, 영국은 그 길을 완수하는 데 필요한 전략을 잘 짜고 뚝심 있게 밀어붙여 성과를 거둔 모범 사례다.

반면 미국은 라디오가 반드시 무료 보편 사회적 인프라가 되어야 한다는 개념이 유럽보다 강하지 않다. NPR 같은 공영 방송 체제도 갖고 있지만, 고객에게 직접 과금하는 유료 위성 라디오와 스트리밍 라디오, 광고 규제가 약한 상업 라디오 부문의 덩치가 훨씬 크다. 라디오 기업들은 무료 보편 방송을 위한 지상파에 매이기보다는, 더 큰 이익과 기회를 찾아 지상파 라디오 외 다른 기술과 네트워크로 뻗어가는 것을 주저하지 않는다. 이 모든 것을 라디오 산업으로 규정하는 곳이니 디지털 라디오 도입 실패가 라디오 산업의 실패라는 것에 동의하지 않을 수 있다.

일본 역시 영국이나 유럽만큼 라디오를 무료 보편 사회적 인프라로 보는 시각이 강하지 않았다. 아날로그 라디오의 차세대 기술 표준으로 디지털 지상파를 강하게 밀기에는 정부와 업계의 의지가 부족했다. 그보다는 비록 유료이더라도 민간 자본이 새로운 플랫폼을 주도하길 바라는 의도가 위성 DMB(전자 기기 제조사들과 위성 통신 미디어들이 주축이 된 합작사가 주도)와 스트리밍 라디오 통합 플랫폼 라지코[광고 대행사 덴츠(電通)가 주도] 추진에서 엿보인다. 위성 DMB는 실패했지만 라지코는 아날로그 FM/AM의 부족함을 메우고 스마트 디바이스 증가에 발 빠르게 대응하는 데 핵심 역할을 하고 있다. 영국과 유럽이 우직한 라디오 철학을 갖고 공적 제도와 사회적 합의를 통해 라디오의 산업 실패를 막고 있다면, 기댈 곳 없는 일본 라디오 업계는 현실적 대안을 유연하게 구사하여 같은 효과를 내려 한다고 볼 수 있다. 안타까운 것은 전자의 방법도 후자의 방법도 쓰지 않으면서 손을 놓고 있는 우리 상황이다.

치밀한 라디오 생태계, 이를 받쳐 주는 정부 기관과 비영리 조직

영국 라디오 생태계는 공영 방송(BBC)이 탄탄한 기반을 제공하고 상업 라디오는 이를 시장 경쟁력으로 확장하면서도, 분야별로 특화된 진흥 기구들이 자신들의 전문 역량을 발휘하도록 구성되어 있다. 공공성, 시장성, 기술 혁신, 이용자 친화라는 네 개의 목적을 조화롭게 구현하기 위해 '정부(규제/정책)-공영 방송(콘텐츠/서비스)-민간(광고/시장)-진흥 조직(조사 · 연구 · 기술 지원)'의 연결고리를 치밀하게 디자인해 놓았다. 영국 정부의 문화 · 미디어 · 체육 · 디지털 분야를 총괄하는 부처인 DCMS(Department for Digital, Culture, Media & Sport)와 방송 · 통신 분야 규제 기관인 오프콤(Ofcom, Office of Communications)이 법과 제도적 틀을 마련하고 감독하는 역할을 하고, BBC와 상업 라디오, 비영리 법인인 지원 조직들이 각각 전문적 역할을 담당한다. 특히 라자르가 객관적이고 공신력 있는 청취율 자료를 안정적으로 제공하고, 라디오센터(Radiocentre)가 상업 라디오의 이해관계를 대변하면서 광고 시장을 활성화하는 다면적 구조가 돋보인다. 또한 디지털 라디오 보급과 통합 스트리밍 플랫폼 구축 등 산업 공통 과제를 힘 있게 추진해야 할 때는 느슨한 형태의 협의체를 넘어 책임과 권한을 가진 법인을 만든다. 정부 등 규제 기관, BBC, 상업 라디오, 민관 합동 기구들이 모두 책임 있는 주주로 참여해 대의를 위한 공조가 효율적으로 작동하도록 하는 시스템이다.

영국 라디오 생태계를 논할 때 빼놓을 수 없는 것이 공영 방송 BBC(British Broadcasting Corporation)의 존재감과 역할이다. 수신료를 재원으로 운영되는 BBC는 상업적 압박에서 비교적 자유로우므로 실험적 포맷의 라디오 프로그램이나 문화 · 교육 · 예술 관련 콘텐츠를 적극 편성할 수 있다. 이는 라디오 산업 전체의 다양성과 콘텐츠 품질을 유지하는 데 큰 영향을 미친다. 라디오 기술 혁신 선두 주자로서의 BBC 역할 또한 중요하다. 디지털 라디오 기술(DAB/DAB+) 도입과 온라인 스트리밍 플랫폼 구축에 초기부터 적극 투자해 온 BBC는, 이를 통해 이후 상업 라디오나 커뮤니티 라디오들이 디지털 전환에 동참할 수 있는 환경을 조성했다. BBC가 우월적 지위를 통해 시장을 독식하지 않고, 라디오 산업 전체를 진흥하는 협업과 공유에 열려 있다는 점도 부러운 부분이다. BBC는 라자르 등과 협력해 청취 데이터를 공유하고, 라디오플레이어(Radioplayer, 영국의 온라인 라디오 통합 플랫폼) 구축에도 핵심적 파트너로 참여해 왔다. 이렇게 공영 방송이 중심을 잡아 준 덕분에 영국 라디오 산업은 공익성과 상업성을 조화롭게 유지하고 있다는 평가를 받는다.

공영 방송 BBC가 중심을 잡아 주는 것과 더불어 영국에는 복수의 전문화된 라디오 진흥 조직들이 있다. 영국에서 특히 주목할 만한 조직 몇 곳만 추려 보겠다.

라디오센터

라디오센터(Radiocentre)는 과거 라디오 광고 진흥 전문 기구(Radio Advertising Bureau, RAB)와 상업 라디오 방송사 협의체였던 CRCA(Commercial Radio Companies

Association)가 통합되어 만들어진, 영국 상업 라디오 산업 전체를 대표하는 단체로서, 광고주 · 정부 · 청취자 · 방송사 사이의 가교 역할을 수행한다. 상업 라디오 광고 마케팅과 이익 대변, 청취 행태 · 광고 효과 분석 등의 연구 · 조사와 자료 발간, 정부 · 오프콤 등 규제 기관과의 협의와 정책 대응이 주 업무다. 라디오센터가 제공하는 각종 리포트와 통계 자료는 영국 라디오 광고 시장의 투명성 제고와 산업 성장을 견인하는 기반이 된다. 디지털 라디오나 통합 플랫폼 추진, 빅테크나 자동차 산업과의 협상 등 라디오 산업 공통 사안에서는 상업 라디오 진영을 대표해 BBC와 공조하는 데 큰 역할을 한다.

라자르

라자르(RAJAR, Radio Joint Audience Research)는 청취율 및 청취 행태를 객관적으로 조사하고 공유하기 위해 BBC와 상업 라디오 방송사가 공동 설립한 기관이다. 분기별 전국 라디오 청취율 조사, 지역 · 연령별 청취 행태와 채널 선호도 분석, 방송사와 광고주에 대한 데이터 제공 등 광범위하고 구체적이면서도 신뢰도 높은 라자르의 조사 결과는 영국 라디오 시장을 평가하는 '공통 언어', 믿을 수 있는 '산업 화폐'로 자리 잡아 광고 단가 산정, 프로그램 편성, 투자 등 주요 의사 결정의 중요한 근거가 된다.

디지털 라디오 유케이

디지털 라디오 유케이(Digital Radio UK, DRUK)는 영국 내 디지털 라디오(DAB/DAB+) 전환 및 보급 확대를 위한 홍보 · 지원 활동을 전개하기 위해 설립되었다. 디지털 라디오 장비와 수신기 도입 촉진, 자동차 제조사 및 가전업제와의 협력을 통한 수신 환경 개선, 디지털 라디오 청취 캠페인과 마케팅을 맡는다. 디지털 라디오 유케이는 BBC, 상업 라디오, 정부 기관과 함께 디지털 전환 로드맵을 설계 · 실행함으로써, 영국이 세계에서 가장 빠르게 DAB 라디오 인프라를 구축한 국가 중 하나가 되도록 이끌었다.

라디오플레이어

라디오플레이어(Radioplayer)는 라디오 방송사들이 통합형 온라인 스트리밍 플랫폼을 구축하고, 청취자에게 편리한 접근성을 제공하도록 지원하는 비영리 조직(NPO)이다. 라디오플레이어 유케이(Radioplayer UK)는 '영국 라디오를 한자리에(UK Radio in One Place)'를 모토로 영국의 모든 라디오 채널을 여러 종류의 단말기에서 간편하게 청취할 수 있는 통합 플랫폼을 구축하고 운영해왔다. 라디오의 최대 강점을 단순한 접근성으로 정의하는 라디오플레이어는 인터넷이 접속되는 모든 디바이스(PC, 스마트폰, 스마트 스피커, 커넥티드 카, 웨어러블 스마트 기기, 게임 콘솔 등)에서 라디오를 들을 수 있도록 지원 운영 체제(OS)와 디바이스를 늘려 가고 있다. 또한 인터넷과 스마트 디지털의 강점을 놓치지 않고 사용자의 청취 이력, 즐겨찾기 등을 저장해 맞춤형 라디오 경험을 제공하고 있다. 영국 라디오 방송사들은 자사의 IT 역량이 부족하더라도 라디오플레이어를 통해 온라인 청취 플랫폼에 쉽게 진입할 수 있고, 이는 영국 라디오 시장 전체가 디지털 시대에 맞춰 확장성과 경쟁력을 갖추는 기반이 된다.

영국 라디오 산업이 지난 수십 년간 꾸준히 발전해 온 것은 공영 방송 BBC가 지닌 공공성, 상업 라디오의 경쟁력, 그리고 이를 뒷받침하는 라자르, 라디오센터, 디지털 라디오 유케이, 라디오플레이어 등의 전문성이 어우러진 결과다. 각 조직은 저마다의 목표와 전문 분야를 가지고 있으면서도, 상호 협력과 정보 공유를 통해 산업 전체의 가치를 높여 왔다. '분야별 역할 분담과 네트워크 구축', '객관적 데이터 확보를 통한 투명성 제고', '디지털 전환 과정의 전략적 협업' 등은 영국 라디오가 발전시켜 온 산업 철학으로서 호주 등 다른 국가의 라디오 산업에도 큰 영향을 주고 있다.

한 걸음 더

영국을 넘어 세계로 확대되고 있는 라디오플레이어

영국 라디오를 한자리에 모으기 위해 시작

라디오플레이어는 우선 라디오를 재생하는 애플리케이션을 뜻하는 말이다. 어디서든 간편하게 라디오를 들을 수 있게 하겠다는 의지가 단순한 이름에서부터 확실하게 드러난다. 라디오플레이어는 또한 라디오 기술 플랫폼이기도 하다. 커넥티드 카나 음성 비서 플랫폼 등 다른 산업의 플랫폼이나 디바이스에 효율적으로 올라탈지 협의하고 필요한 연결 표준을 만든다. 영국에서 시작했지만, 다른 국가들도 자국의 기본 온라인 라디오 플랫폼으로 들여다

쓰고 있으며, 라디오 산업이 다른 산업과 만날 때는 국경을 넘어 라디오 업계를 대변하기도 한다.

'영국 라디오를 한자리에'라는 슬로건을 내걸고 2011년 영국에서 탄생한 라디오플레이어는 산업 공동 인프라로서의 DNA를 확보하기 위해 그 구축과 운영 주체인 '영국 라디오플레이어 유한 회사(UK Radioplayer Ltd)'를 비영리 조직으로 설계했다. 금전적 수익보다는 인터넷망에서의 라디오 콘텐츠 접근성을 극대화하겠다는 목표가 우선이었기 때문이다. BBC, 글로벌 라디오(Global Radio), 바우어 미디어 그룹(Bauer Media Group) 등 공·민영을 아우르는 영국의 라디오 방송사들과 산업 진흥 기구(라디오센터)가 자본금을 추렴하고 주주사로 참여했다. 현재 라디오플레이어 유케이는 영국 라디오 방송사 채널 500여 개를 담고 있으며, 청취자들은 다양한 인터넷 연결 디바이스(스마트폰, 스마트 스피커, 스마트폰 미러링이 가능한 자동차 및 커넥티드 카, 스마트 TV 등)에 탑재된 라디오플레이어 애플리케이션에서 이 채널들을 들을 수 있다.

라디오플레이어 월드와이드

라디오가 인터넷망으로 가면서 채널들이 흩어진 것은 비단 영국만의 문제가 아니다. 해법을 찾던 이웃 유럽 국가

표 2-1. 라디오플레이어 도입 비용 내역

비용 항목	세부 내용
연간 라이선스, 본부 지원비	애플리케이션 비용 및 이를 최신으로 유지하고 새로운 제품군을 추가하기 위한 연구 개발비. 유관 산업(자동차, 빅테크 등)과의 협상 등에 소요되는 라디오 산업 공통 과제 해결에 소요되는 비용. 채널 수에 따라 증가
클라우드 사용료	플랫폼 운영과 콘텐츠 배포에 쓰이는 클라우드 서비스 사용료. 해당 국가 플랫폼의 데이터 사용량에 비례
도입 국가 법인 인건비	해당 국가의 매니저 인건비. 전체 회의를 위한 연 2회 해외 출장비 포함
도입 국가 내의 기술 지원	기술 지원 업체와의 용역 계약, 업계 전문가 워킹 그룹 활용 비용
도입 국가 내 플랫폼 마케팅	라디오플레이어 홍보 비용

한국방송협회 라디오정책협의회 질의 서한에 대한 라디오플레이어 월드와이드의 답변을 정리한 내용.

들은 하나둘씩 영국의 라디오플레이어를 들여와 자국 라디오 상황에 맞게 다듬어 쓰기 시작했다. 2016년 라디오플레이어 유케이의 미션을 글로벌로 확대하기 위해 '라디오플레이어 월드와이드(Radioplayer Worldwide)'가 역시 비영리 독립 법인으로 꾸려진 것은 자연스러운 수순이었다. 2024년 여름 현재 오스트리아, 벨기에, 캐나다, 덴마크, 프랑스, 독일, 아일랜드, 이탈리아, 노르웨이, 스페인, 스위스, 네덜란드, 스웨덴, 슬로바키아 등 약 20여 개국이 라디오플레이어를 도입했거나 협의 중이다.

라디오플레이어는 도입 국가와의 관계를 파트너십으로 표현하는데, 그 도입 방식을 살펴보면 라이선싱(licensing)과 화이트 레이블(white label) 모델이 혼합되어 있다. 라디오플레이어 월드와이드와 도입 국가 라디오 산업, 예컨대 한국이 이를 도입한다고 가정하고, 플랫폼 도입 주체의 이름을 '라디오플레이어 코리아'로 표현한다면, 양자의 역할을 표 2-1처럼 정리할 수 있다.

우선 라디오플레이어 월드와이드가 기술과 연구 개발을 맡아서 플랫폼의 내부 인프라와 관리 시스템을 만들고 발전시키며, 그가 만드는 애플리케이션을 도입 국가의 상황에 맞게 고쳐 쓴다는 점에서는 화이트 레이블 방식이다. 한편 'Radioplayer' 브랜드와 철학, 기술 표준을 공유한다는 점에서는 라이선스 모델이다. 그러나 '라디오플레이어 월드와이드'와 '(가칭) 라디오플레이어 코리아'의 관계는 일반적인 화이트 레이블 공급자와 수요자, 라이선스 공급자(licensor)와 구매자(licensee) 관계라기보다는 공통의 목표를 가진 파트너십에 가깝다. 영상 미디어나 빅테크, 글로벌 완성차 기업들에 비해 영세할 수밖에 없는 라디오 방송사들이 기술 환경 변화에 효율적으로 대응하고, 유관 산업에 대한 협상력을 높이기 위해 국제적으로 공조하려는 의도가 핵심이기 때문이다. 지상파 수신기가 급격히 줄어드는 상황에서, 라디오는 인터넷망을 타고 다양한 기기, 운영 체제, 플랫폼에 스며들어야 청취자에게 접근할 수 있다. 그러나 급변하는 기술 환경을 지속적으로 파악하고 연구하고 대응하는 일은 개별 방송사, 심지어 국가 단위의 라디오 산업 협회로도 버거운 일이어서, 국제 수준의 공조가 필요하다. 또 규모의 경제를 이루면 콘텐츠 운영 및 배포 비용(클라우드 사용료)도 낮출 수 있으며, 글로벌로 사업하는 완성차 회사나 빅테크를 협상 테이블에 앉히기도 유리하다. 결국 구심점이 필요했던 여러 국가의 라디오 방송사들이 고민 끝에 만난 지점이 라디오플레이어 모델이다.

라디오는 핵심 콘텐츠가 복수의 경로(복수의 지상파망과 인터넷망)로 전달되기 때문에 이들을 유연하게 넘나들고 조합해 주는 중간자 역할이 필수적이므로, 라디오플레이어의 역할이 필요한 완성차 업체들은 더 늘어날 수밖에 없다. 라디오플레이어는 자동차에서 하이브리드 라디오를 구현하는 데 필요한 공식 메타데이터와 애플리케이션을 개별 완성차 업계에 최적화된 방식으로 공급하는 전략으로 완성차 그룹들과의 파트너십을 늘려 가고 있다(2022년 르노, 2023년 아우디 · 폭스바겐, 2024년 니오 등).

라디오플레이어의 제품 개발 헤드인 오제이 토르브마르크(OJ Torvmark)는 세계 최대 라디오 산업 컨퍼런스인 라디오데이즈 유럽(Radiodays Europe)에서 2024에서 '라디오플레이어 서비스들 간의 자연스러운 연결 통합(Seamless Integration)'을 강조, 청취자가 자동차 · 모바일 · 스마트 TV를 부드럽게 넘나들면서 라디오를 들을 수 있도록 애플리케이션들을 디자인하겠다고 밝혔다. 예컨대 차에서 라디오를 듣다가 내리면 스마트폰에서 재생되고, 집에 들어가면 스마트 TV에서 재생되는 시나리오다. 이를 위해서는 라디오 재생 기기와 플랫폼들 중에 빠진 곳이 없어야 한다. 그래서 라디오플레이어는 판매량이 많지 않은 최신 기기인 애플 비전 프로용 애플리케이션까지 내놓을 만큼 적용 제품 범위를 촘촘하게 넓히고 있다.

호주: 산업 구심점이 단단한 라디오 강소국

호주와 한국은 라디오 산업에서 흥미로운 비교 대상이다. GDP 기준 경제 규모에서 늘 앞서거니 뒤서거니 하는 사이

(2024년 기준 호주 GDP 1조7550억 달러, 한국 GDP 1조 6700억 달러)지만, 호주는 한국의 절반(2024년 기준 한국은 약 5180만 명, 호주는 약 2720만 명) 정도 인구로 한국의 네 배가 넘는 라디오 광고 매출을 일으키고 있기 때문이다. 2024년 기준으로 호주의 라디오 방송과 디지털 오디오 광고 매출 합계는 약 10억 호주달러(AUD), 한화 약 9000억 원에 달했는데, 같은 해 한국의 라디오 광고 · 협찬 합계 매출은 2161억 원에 그쳤다. 필자가 디지털 라디오 도입을 연구하러 다녀왔던 2013년 당시와 비교해 보면,[6] 호주는 50% 정도 증가, 한국은 25% 정도 감소했다. 양국의 라디오 광고 매출 차이는 10여 년이 지난 이후 더 크게 벌어진 것이다.

호주 라디오 산업이 도드라지는 것은 매출만이 아니다.

---

6) 한국방송광고진흥공사의 방송 통신 광고비 조사에 따르면, 2013년 국내 라디오 광고 매출은 2246억 원, 협찬 매출은 579억 원이었으며, 2024년 라디오 광고 매출은 1861억 원, 협찬 매출은 300억 원이었다. 호주의 라디오 광고 매출은 호주 상업 라디오 협회(Commercial Radio & Audio)와 데이터 조사 전문 기관 호주 인터랙티브 광고 협회(IAB Australia)의 공식 통계를 참조했으며, 광역 도시권(metro) 방송 광고와 디지털 오디오 광고 매출을 합산하여 계산한 결과 2013년 6억8350만 호주달러(한화 6152억 원), 2024년 10억2569만 호주달러(한화 9231억 원)였다—역자 주.

라디오데이즈(Radiodays), 라디오아시아(RadioAsia) 같은 라디오 분야 국제 행사를 가 보면 유난히 많은 연사들이 호주에서 온다. 여러 오디오 미디어 솔루션 회사들의 거점도 영국, 미국 아니면 호주에 있다. 라디오와 팟캐스트 업계 뉴스에서 호주발 기사가 차지하는 비중도 적지 않다. 호주-디지털-IT는 언뜻 보면 어색한 조합으로 보이지만, 이 단어들을 라디오와 잘 엮어서 강소 미디어를 만들고 있는 나라가 호주다.

흔히 호주는 땅이 넓어서 청취 환경이 미국과 비슷하리라 생각하는 사람이 많지만, 인구 대부분이 해안가에 있는 5개 대도시(시드니, 멜버른, 브리즈번, 퍼스, 애들레이드)에 몰려 살고 있어 라디오 청취 환경 역시 한국과 크게 차이 나지 않는다. 한국과 비슷한 경제 규모의 국가에서, 절반의 인구로, 네 배 더 큰 라디오 산업을 키워 세계 라디오 산업을 선도한다? 그 답은 호주의 라디오 산업 협회 CRA에서 실마리를 찾을 수 있다.

산업 내 협력의 구심점, CRA

호주 라디오 산업의 지속적인 발전과 혁신의 중심에는 CRA가 있다. CRA는 원래 '호주 상업 라디오 협회

(Commercial Radio Australia)의 줄임말이었지만, 지난 2022년 'CRA'라는 약자는 유지한 채 '상업 라디오와 오디오(Commercial Radio & Audio)'로 개명했다. 이 명칭 변경은 라디오의 미래가 스트리밍, 팟캐스트를 비롯한 디지털 오디오 포맷과 불가분의 관계에 있음을 인지하고, 전통적인 라디오 방송의 영역을 넘어 스트리밍, 팟캐스트 등 디지털 오디오 전반을 아우르며 산업을 선도하겠다는 의지를 담고 있다.

CRA는 1930년 호주 방송사 연맹(Federation of Australian Radio Broadcasters, FARB)으로 출범하여 2002년 CRA로 개편되었으며, 현재 260개 회원사를 통해 호주 상업 라디오 사업자 대부분을 대표하고 있다. CRA는 2001년 MBA 출신으로 기업과 공공 섹터에서 전문 경영인으로 일하던 조안 워너(Joan Warner)를 CEO로 영입하면서부터 눈에 띄는 성과를 내기 시작했다. 월드DAB(WorldDAB, DAB 디지털 라디오 국제 협회) 부회장으로도 일했던 조안 워너는 자그마치 22년간 강력한 리더십으로 디지털 라디오 도입 등 회원사들의 공동 과제를 해결해 나가면서 현재 CRA의 기틀을 잡았다. 디지털 라디오(DAB+ 방식)를 영국과 유럽에 비해 뒤늦게(2009년) 도입했지만, 앞선 국가들의 시행착오를 철저히 분석하고 디지털 기술의 사업적 강점을 극대화하여 이를 빠르게 정착시켰다. 라디오 스트리밍에서 청취자 불편을 해소하고 규모의 경제를 이루기 위해, 호주 스트리밍 통합 플랫폼(RadioApp)도 구축했다. LG전자와 호주 라디오 업계의 컬래버 캠페인을 통해 스마트폰에 FM을 탑재하는 프로젝트를 추진하고, 라디오 작품상(ACRAs), 라디오 광고 작품상(Siren Creative Awards), 전국 라디오 컨퍼런스 등 다양한 산업 마케팅을 선보였다. 산업 화폐인 청취율의 신뢰도와 정밀도를 높이기 위해 새로운 기술을 계속 도입하는 등 구조적이고 전략적인 혁신을 추구했다.

CRA는 주요 라디오 방송사 고위 임원들로 구성된 이사회가 의사 결정을 담당하며, 산업의 공동 이익을 위한 핵심 기능들을 수행한다. CRA는 협회 실무진과 더불어 협회 소속사 전문가들이 분야별 워킹 그룹(working group)을 구성해 활동하는 방식으로 운영된다. 협회에 많은 상근 직원을 두지 않으면서도 협회 소속사의 전문성을 효율적으로 동원하기 위한 목적이다.

CRA의 핵심 기능을 정리하면 다음과 같다.

① 산업 대표 및 정책 대응

법규, 규제, 기술적 현안에 대해 산업 전체를 대표하여 목

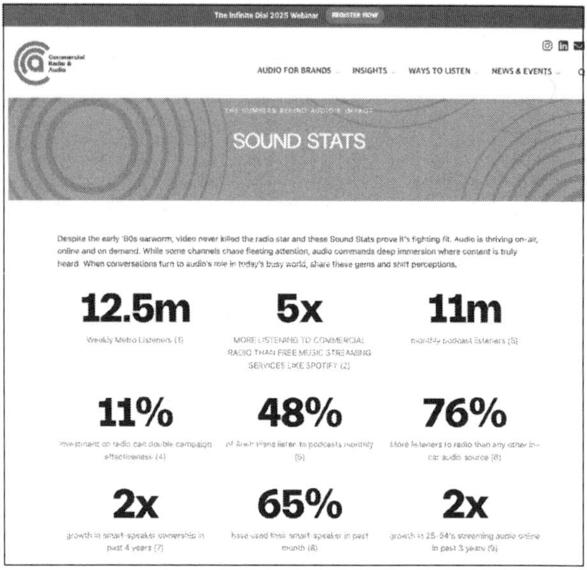

그림 2-4. CRA 웹사이트(https://cra.au/sound-stats)에 2025년에 추가된 'Sound stats' 페이지

대표 수치로 호주 라디오 현황을 한눈에 보여 주기 위한 기획이다.

소리를 내고 정부 및 유관 기관과 협력한다. 최근에는 음악 저작권료를 둘러싼 '호주 음반 공연권 협회(Phonographic Performance Company of Australia, PPCA)'와의 분쟁에 적극적으로 대응하며 라디오의 입장을 대변하고 있다.

② 산업 표준 및 규약 관리

호주 통신미디어청(ACMA)에 등록되는 방송 규약(Codes of Practice)을 개발하고 관리하며 산업의 자율 규제를 이끈다.

③ 청취율 조사 및 연구

미디어 전문 글로벌 조사 기관 GfK의 라디오 청취율 조사와 호주 팟캐스트 순위(Australian Podcast Ranker)를 포함한 산업 전반의 연구를 주관하여, 광고 거래의 기준이 되는 신뢰도 높은 데이터를 제공한다. 호주는 40여 지역에 걸쳐 광역 도시권 8회 · 지역 4회 등 연중 상시로 청취율을 발표한다. 표준화된 다이어리, 패널, 패시브 미터 방식을 결합해 캠페인 집행 48시간 이내에 결과 집계가 가능하다. 광역 도시권이 아닌 지역까지도 최소 표본 600명 이상을 유지해 신뢰성을 확보한다. 데이터는 모두 CRA '골드 스탠더드(Gold Standard)' 소프트웨어를 통해 무료로 제공되어, 방송사 규모와 관계없이 동등하게 활용할 수 있다. 국내에서 청취율 조사의 공신력과 효용성에 늘 물음표가 따라다니는 것과 달리, 호주의 청취율 데이터는 라디오 산업 안정성의 핵심 기반이 되고 있다.

④ 라디오 매체 마케팅 및 플랫폼 보급 프로모션

DAB+ 디지털 라디오 도입 및 확산, 호주형 라디오 스트리밍 통합 플랫폼 라디오앱(RadioApp)의 개발과 운영, 호주 팟캐스트 순위 발표 등 라디오, 오디오 플랫폼의 강화와 혁신을 이끌고 있다.

⑤ 인재 양성

'우리 산업에 의해, 우리 산업을 위해(By the industry, for the industry)'라는 슬로건 아래 호주 국립 영화 TV 라디오 학교(Australian Film Television and Radio School, AFTRS)와의 오랜 협력을 지속하며, 이제는 라디오뿐만 아니라 팟캐스트 분야까지 포함해 산업 맞춤형 인재를 양성하여 업계에 공급하고 있다. AFTRS는 2025년 '라디오와 팟캐스트 석사 학위(Graduate Diploma in Radio & Podcasting)' 과정을 전면 개편, 플랫폼 · 데이터 분석 · 크리에이티브 제작을 하나로 묶은 커리큘럼을 운영한다. 1년 과정 졸업생의 92%가 6개월 내 업계에 취업하며, 기존 종사자들도 'CRA-AFTRS 협력 제도[단기 코스 바우처(Short Course Voucher)]'를 통해 매년 500명 이상이 장 · 단기 재교육을 받고 있다.

⑥ 시상 및 행사

호주 라디오 업계 종사자들의 자부심을 고취하고 청취자들에게 라디오의 존재감을 드러내는 호주 상업 라디오 시상식(ACRAs), 그리고 라디오 광고의 중요성을 환기하고 라디오 광고 크리에이티브를 독려하는 사이렌 어워즈(Siren Awards)를 통해 업계의 성과를 축하하고 창의성을 독려해 왔다.

청취자와 광고주 양쪽 고객 모두를 만족시키는 멀티 플랫폼 전략

호주 라디오 업계는 아날로그 AM/FM, DAB+디지털 라디오, 통합 플랫폼을 통한 IP 라디오 스트리밍, 팟캐스트 등 멀티 플랫폼 체제를 구축, 청취자가 어떤 경로를 통해서도 간편하게 전체 라디오 채널에 접근할 수 있도록 해 왔다. 또 CRA가 음성 비서 보유 빅테크인 구글 · 아마존과 직접 협의해 모든 호주 라디오 채널을 스마트 스피커에서 음성으로 호출해 들을 수 있는 음성 호출 표준을 마련했다. 그래서 심지어 한국의 공동체 라디오에 해당하는 '커뮤니티 라디오(community radio)' 채널까지도 간편한 절차를 거치면 스마트 스피커에서 청취자가 음성으로 호출하여 들

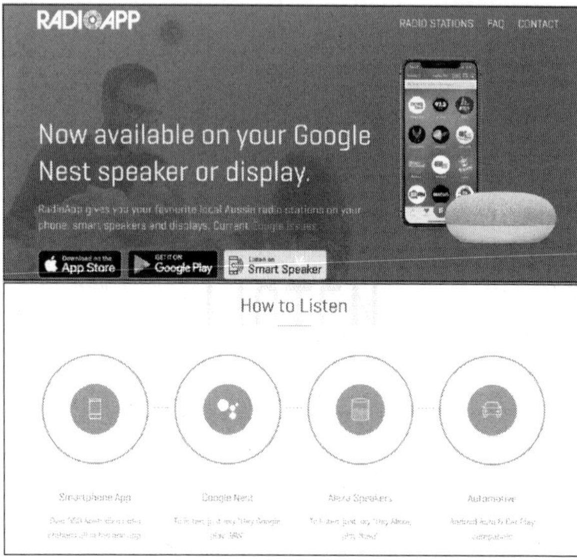

그림 2-5. CRA가 구축한 호주의 통합라디오 플랫폼 'RadioApp'
스마트폰, 구글과 아마존의 스마트 스피커, 구글과 애플의 자동차 인포테인먼트 OS(안드로이드 오토와 애플 카플레이)를 기본 청취 플랫폼으로 설정하고 있다.
이미지 출처: https://www.radioapp.com.au/

을 수 있다.

멀티 플랫폼 전략이 누수 없이 수익으로 연결되려면, 청취 경로가 나뉘어 있더라도 그 청취량은 통합해 파악할 수 있어야 한다. 그래서 CRA는 '오디오 엣지(Audio

Edge)' 데이터베이스를 구축, 광고주가 방송·스트리밍·온디맨드 이용 시간을 통합 집계하고 광고 단가를 다층적으로 설계할 수 있도록 돕는다. 또 미디어 조사 기관 닐슨(Nielsen)과의 협력으로 웹 기반 플래너(Audio Planning Tool)를 개발, 광고 집행 기획자(미디어 플래너)가 예산·대상 연령·집행 기간만 넣으면 라디오·스트리밍·팟캐스트 순증(純增) 도달률을 즉시 시뮬레이션할 수 있도록 했다. 이에 대해 광고 대행사 아이피지 미디어브랜즈(IPG Mediabrands)는 "오디오를 TV·디지털과 동일 선상에서 플래닝할 수 있어 효율이 30% 이상 높아졌다"고 평가했다. 청취자를 위해서는 청취 경로를 나눠 주고, 광고주를 위해서는 이들을 모두 한 방에 파악할 수 있는 도구를 쥐여 준 셈이다. 이런 호주 라디오 산업의 노력은 이미 아래 수치(2024년 기준)로 증명되고 있다.

- 주간 총청취자: 1260만 명(2025 GfK 조사 2) - 인구 대비 47%가 매주 상업 라디오 청취
- 스트리밍 청취: 320만 명이 라이브 스트리밍으로 청취, 전년 대비 12% 증가
- DAB+ 보급: 도달 범위 인구 66%, 누적 기기 보급 1000만 대, 신차 79%에 수신기 기본 장착. DAB+ 채

널 139개, 각 주도(州都)에서 최대 30개의 DAB+ 전용 채널 운영

- 디지털 오디오 광고 매출: 2024년 3억1300만 호주달러, 전년 대비 18% 성장
- 팟캐스트 광고: 2024년 1억500만 호주달러(4분기 3360만), 온라인 오디오 중 가장 빠른 성장(연 24%)
- 라디오 스트리밍 통합 플랫폼 RadioApp: 400개 이상 호주 라디오 채널을 모은 통합 모바일 앱으로서 월간 순 이용자 220만 명
- 스마트 스피커 청취: 조사 대상 가구의 43%가 스마트 스피커로 라디오 청취[인피니트 다이얼(Infinite Dial) 2024 조사]

매체 인식을 긍정적으로 유지하는 라디오 브랜드 마케팅

아무리 개별 방송사가 세련되고 젊은 이미지를 주려 해도, 그가 속한 매체가 올드 미디어로 인식된다면 한계가 있다. 그래서 호주 라디오 업계는 라디오의 이미지를 청취자와 광고주 양쪽에 긍정적으로 인식시키는 '매체 마케팅'에 집중해 왔다. 온 나라의 라디오가 동시에 같은 메시지

그림 2-6. 창의적인 라디오 광고를 선보인 광고인을 시상하는 사이렌 어워즈

한국에서는 존재감조차 없는 라디오 광고에 대해, 그 창의적 전문성을 독립적으로 인정하는 점이 신선하다

를 전략적으로 쏟아 내니 그 힘이 만만치 않다. CRA가 매년 개최하는 '호주 상업 라디오 시상식'과 라디오 광고의 창의성을 시상하는 '사이렌 어워즈' 역시 이런 매체 마케팅의 일환이다.

2014년 '라디오, 그것은 사랑입니다(Radio. It's a Love Thing)' 캠페인을 통해 라디오와 청취자 간의 감성적 유대를 강조하고 광고 매체로서의 개방성을 알렸다면, 2017년

에는 '라디오 얼라이브(Radio Alive)' 캠페인을 론칭해 라디오의 역동성과 멀티 플랫폼 매체로서의 강점을 부각했다. 최근에는 '오디오 애드버킷(Audio Advocates)' 프로그램과 '히어드(HEARD)' 컨퍼런스 등을 통해 광고주와 대행사를 대상으로 오디오 매체의 효과, 투자 수익률(ROI), 크로스 플랫폼 활용 전략 등을 적극적으로 알리고 있다.

2024년 말 시작된 '파워 오브 라디오(Power of Radio)' 캠페인은 광고주가 직접 출연해 라디오 효과를 증언하는 형식으로 화제를 모았다. 30초 스팟 광고뿐만 아니라 틱톡(TikTok) 릴스, 링크드인(LinkedIn) 인포그래픽, 실험적 팝업 스테이션까지 멀티 플랫폼으로 전개되면서 "라디오는 올드 미디어"라는 선입견을 효과적으로 지웠다. 학계 테스트(Amplified Intelligence) 결과, 해당 캠페인 노출 이후 제품과 서비스 검색률이 평균 38% 상승했다고 한다. CRA는 "라디오는 '듣는' 매체가 아니라 '브랜드와 대화하는' 매체"라는 메시지를 일관되게 주입했고, 그 결과 2024년 12월 상업 라디오 광고 점유율은 75.9%, 20년 만에 최고치로 마감했다. 이러한 마케팅 전략의 변화는 광고 시장의 요구가 감성적 소구에서 데이터 기반의 효과 측정으로 이동함에 따라, 오디오 매체의 가치를 더욱 정량적이고 설득력 있게 제시하려는 시도라 할 수 있다.

"기술은 협력하고 콘텐츠로 경쟁한다(Collaborate on Engineering, Compete on Content)." 호주 라디오인들이 입버릇처럼 말하는 업계 금언(金言)이다. 강력한 인프라를 구축하기 위해 라디오 기술은 같이 활용하고, 콘텐츠와 아이디어는 치열하게 경쟁한다는 뜻이다. 거대 미디어들과 경쟁하는 동시에 고객 접점을 빅테크와 완성차 등 덩치 큰 산업들에 의존해야 하는 21세기, 영세한 라디오 산업이 터득한 생존 방식이다. 이 문장의 앞쪽 '엔지니어링(engineering)'은 때에 따라 '테크놀로지(technology)', '인프라(infra)'로 바꿔 쓰기도 하지만, 역시 같은 의미다. 데이터 · 플랫폼 · 인재 · 마케팅은 '공동 자산'으로 키운 다음, 각 방송사는 그 위에서 창의성을 겨룬다는 생각이다. 영국, 유럽 등 라디오 산업의 어려움을 슬기롭게 극복하고 있는 국가들에서 자주 들리는 문장이지만, 호주 라디오만큼 이 정신을 잘 실천하는 곳도 드물 것이다.

일본: 어느새 치밀한 대안을 준비한 동창생

우리와 지난한 역사를 부대끼며 살아온 일본은 라디오 산업 역시 한국과 닮은 점이 많다. 100여 년 전 라디오가 처음 도입되던 시기는 일제 치하여서 뿌리를 공유하는 셈이 되었고, 이후에도 문화적 유사성이 깊다 보니 방송 조직, 방송 체계, 프로그램 포맷과 주제 등 여러 면에서 비슷할 수밖에 없다. 라디오 플랫폼이 걸어온 길마저도 그렇다. 주요 선진국 중에서 지상파 라디오를 디지털 없이 아날로그 송출로만 남겨 놓은 국가는 거의 한국과 일본뿐이다. 두 나라는 디지털 라디오 도입에 끝내 성공하지 못했고, 한때 위성 DMB라는 변종에 잠시 손을 뻗었다가 시장성과 비용 부담을 견디지 못해 서비스를 접었다.

그러나 닮은꼴 궤적을 걷던 양국 라디오 산업은 2010년대로 접어들면서 서로 다른 길을 선택한다. 한국이 디지털 라디오 도입 논의를 애매하게 이어 가면서 각 방송사별 라디오 애플리케이션에 힘을 쏟는 사이, 일본은 디지털 라디오를 깔끔하게 포기하고 향후 대세 네트워크인 인터넷망에서 어떻게 함께 성공적으로 살아남을지에 집중한다. 그리고 그 해법으로 공동 라디오 플랫폼 라지코(Radiko)를 구축한다.

라지코는 2007년 오사카의 민영 방송국 몇 곳과 종합 광고 대행사 덴츠가 'IP 라디오 연구회(勉強会)'를 꾸리며 첫 삽을 떴다. 고층 건물이 늘어나 전파 난청이 심해지자 "라디오가 들리지 않는 라디오 시대"라는 자조가 터져 나

그림 2-7. 일본의 온라인 라디오 통합 플랫폼 라지코의 로고

왔고, 방송사별로 각자 따로 만든 인터넷 플레이어로는 위기를 돌파할 수 없다는 공감대가 형성됐다. 그래서 2010년 봄, 전국 99개 민영 · 공영 방송사와 덴츠가 손을 맞잡아 주식회사 라지코를 설립하고, 지상파 채널을 인터넷으로 '있는 그대로' 실시간 재송신하는 통합 플랫폼을 공식적으로 열었다. 출범 당시 라지코의 표어는 단순했다. "컴퓨터를 라디오 수신기로." 청취자는 웹브라우저에서 radiko.jp만 입력하면 어떤 로그인 절차도 없이 곧바로 지역 라디오를 들을 수 있었다. 이 '장벽 없는 첫 경험'이 라지코 성장의 토대를 놓았고, 이후 스마트폰 보급과 함께 "언제 어디서나, 내 손안의 라디오"라는 두 번째 표어가 추

그림 2-8. 라지코 웹사이트에서는 아마존 일렉사 스마트 스피커에서 라지코를 생활 루틴에 맞게 설정해서 쓰는 법을 안내하고 있다.
이미지 출처: https://radiko.jp/rg/amazon/alexa/

가되었다. 라지코는 이제 인공지능 스마트 스피커와 커넥티드 카 대시보드 같은 후속 디바이스에도 빠르게 파고들어 오늘날 월간 활성 이용자(MAU) 약 900만 명, 유료 '프리미엄' 회원 100만 명[7]의 명실상부한 국가 라디오 통합 플랫폼으로 성장했다.

---

7) 2024년 4월 일본 총무성(総務省) 발표 수치.

그림 2-9. 차량 대시보드용 라지코 오토(Radiko auto)

안드로이드 오토 지원 차량에서 쓸 수 있다. 라지코는 또한 DTS 오토스테이지(DTS Autostage, 커넥티드 카 인포테인먼트 시스템에서 하이브리드 라디오를 구현하는 솔루션)와의 제휴를 통해 커넥티드 카 내 청취 데이터를 정밀하게 파악하고 있다.

이미지 출처: 구글플레이스토어

라지코는 단일 애플리케이션에 모든 라디오 채널을 넣어 청취자 불편을 해소함으로써 라디오의 최대 미덕인 '단순 간편한 사용자 경험'을 스마트 · 디지털 시대에도 이어갈 수 있도록 했다. 아마존, 구글, 네이버 등 일본 내 주요 빅테크의 플랫폼과 디바이스를 유리하게 활용하는 일－주요 음성 비서에서 일본의 모든 라디오 채널을 일관성 있게 제공할 수 있도록 한 것－도 라지코가 묶어 낸 단일 대오가 없었다면 쉽지 않았을 것이다.

라지코는 일본 라디오의 핵심 비즈니스 모델에서도 게임 체인저 역할을 했다. 도달률 측정이 쉽지 않은 라디오 음성 광고는 노출량이 정확히 측정되는 디지털 광고에 밀려 광고주에게 외면받아 왔는데, 라지코는 이 문제를 기술과 데이터로 돌파하고 있다. 라지코가 방송사들과 함께 개발한 대시보드 '라지코 뷰어(radiko viewer)'는 실시간 청취 로그를 5분 간격으로 끊어서 연령 · 성별 · 지역별 청취 추이, 많이 들은 구간, 광고 스킵 여부 등 11가지 분석 항목을 가시화해 5분 단위로 보여 준다. 프로그램 제작자는 언제 어떤 코너에서 귀가 쏠렸는지를 즉시 확인하고, 광고 영업팀은 "20초 광고 완청률이 몇 %"라는 구체적 수치를 들고 광고주를 설득할 수 있다. 라지코는 또 '라지코 오디오 애드(Radiko audio Ad)'라는 정밀 타깃 광고, 음성 광고가 나가는 동안 해당 상품과 브랜드를 화면에 띄워 주는 '컴패니언 배너(companion banner)', 광고 청취 반응을 조사할 수 있는 '라지코 서베이(Radiko survey)' 등 다양한 스마트 광고 상품을 운영하고 있다. 이 데이터 파워 덕분에 2020년대 들어 일본 라디오 광고비는 전통 4대 매체 가운데 유일하게 플러스 성장세로 돌아섰다. 물론 한국의 라디오 애플리케이션들 역시 양방향 인터넷 네트워크에 물려 있으므로 청취 데이터를 실측해 중앙 서버로 집계할 수 있다. 그러나 방송사들이 개별적으로 운영하는 애플리케이션이라서 각자의 기준으로 데이터를 집계하다 보니 서로 비교하기 어렵고, 따라서 광고주들이 믿을 수 있는 결과물로 활용할 수 없다. 그래서 스마트폰 애플리케이션으로 작동하는 디지털 매체임에도 불구, 데이터가 수익화에 도움을 주지 못하는 재래식 광고 판매에 머물고 있다.

통합 플랫폼의 강점은 '규모의 경제'로도 이어진다. 라지코 플랫폼의 24시간 365일 운영은 방송사 · 통신사가 합작한 '미디어 플랫폼 랩(Media Platform Lab)'이 책임지는데, 전국 방송사의 전송로를 오사카의 미디어센터로 집중시킨 뒤 NTT스마트커넥트 데이터센터를 경유해 이용자에게 내보내는 '통합 백오피스(back office: IT 시스템에서 내부 직원들이 비즈니스를 관리하고 운영하는 데 사용하는 시스템)'를 구축한 것이다. 인터넷망에서 단위 콘텐츠의 배포 비용은 배포 단위가 규모가 클수록 크게 떨어지므로 비용 절감 효과가 크다. 이야말로 개별 방송사가 저마다 CDN(Content Delivery Network, 콘텐트 전송 네트워크)을 구축하며 중복 투자를 되풀이해 온 한국의 현실과 가장 극명한 대비를 이루는 부분이다.

지상파와 달리 기술적 권역 제한이 없는 인터넷망에서 라지코가 지역 방송을 보호하는 해법 역시 합리적이다. 이용자 계정을 무료와 유료로 나눴는데, 무료 계정은 GPS나 IP로 판별한 청취자의 현재 위치 권역 내 방송만 들을 수 있다. 권역 밖 채널은 월 385엔(웹 결제 기준)을 내는 '에리어 프리(area free)' 상품에서 들을 수 있다. 또 실시간 방송을 놓친 사람은 7일 안에, 프로그램당 최대 3시간까지 다시 들을 수 있는 '타임 프리(time-free)'를 도입해 음악 저작권 분쟁 없이 '지난 방송 따라잡아 듣기(catch-up, 한국에서는 '다시 듣기'로 부르지만 실제 사용자 행동을 보면 '캐치업'이 정확한 표현)를 가능하게 했다. 음악이 포함된 라디오 캐치업은 음악 저작권 분쟁 요소가 많다 보니 팟캐스트로 서비스할 때 아예 음악을 잘라 낸 기형적 형태가 되는 경우가 많은데, 라지코는 여기에 시간 제한과 분량 제한을 걸고 유료화하는 영리한 해법을 내놓은 것이다. 이처럼 라지코는 무료 · 유료의 계단식 구조로 저작권료 부담을 누그러뜨리면서도 특정 콘텐츠에 대한 팬덤이나 지방 구단 야구 중계 같은 특정 수요를 정확히 포획해 수익을 창출한다.

라지코는 청취 행태도 변화시켰다. 팬데믹을 계기로 10대와 20대의 비중이 눈에 띄게 늘어났고, 스마트폰으로 들으며 SNS · 온라인 쇼핑과 멀티태스킹을 즐기는 경향이 강해졌다. 라지코가 커넥티드 카 대시보드 연동에 공을 들인 덕분에 자동차 선루프 아래에서 고음질 스트리밍을 즐기는 일본식 '모빌 리스닝(mobile listening)' 문화도 확산됐다.

이러한 변화는 일본 라디오 업계가 "경쟁은 콘텐츠에서, 데이터는 연합으로"라는 원칙을 끝까지 지켜 낸 결과다. 방송국들은 저마다 개성 강한 프로그램으로 시청자의 귀를 잡아끌지만, 그 프로그램이 어떤 사람에게 언제 얼마나 소비되는지에 대한 데이터는 라지코라는 '공동 창구'를 통해 한꺼번에 모으고, 광고주 · 저작권자와 투명하게 나눴다. 덴츠가 대주주로 참여해 영업과 데이터 분석을 맡고, 방송국이 기술 인력을 파견하는 거버넌스도 '플랫폼 이익을 모든 이해관계자에게 배분한다'는 신뢰를 유지하는 안전장치로 작동했다.

한국 라디오가 라지코에서 배워야 할 첫 번째 교훈은 '디지털 라디오냐 OTT냐'를 따지기 전에 플랫폼을 단일화해 데이터 풀을 키워야 한다는 점이다. 방송사들이 각자의 앱을 내세워 청취자를 나눠 가진 상태로는 라지코 뷰어와 같은 실시간 분석 툴을 개발하기도, 양질의 광고를 유치하기도 어렵다. 두 번째 교훈은 저작권·지역권 문제를 안고도 '프리(free)+프리미엄(premium)' 투 트랙 모델로 유료 전환을 이끌어 냈다는 점이다. 특히 K팝 팬덤과 지방 프로 야구 중계라는 일본식 성공 사례는, 저작권료 부담과 송신비 걱정으로 몸을 사리는 한국 방송사들에게 설득력 있는 선례가 될 수 있다. 마지막으로, 백오피스 통합을 통한 비용 절감과 운영 안정은 디지털 투자 여력이 빠듯한 한국 라디오 업계가 반드시 참고해야 할 방안이다.

한 걸음 더

라디오 산업의 국가 간 특성 차이가 큰 이유

라디오는 말이 중심이 되는 미디어다. 자막과 더빙을 통해 다른 언어권의 프로그램도 접할 수 있는 영상 매체와 달리 자국어로 만든 프로그램만을 접할 수밖에 없다 보니 다른 국가, 다른 문화권의 라디오 프로그램을 듣고 비교하기 어렵다. 콘텐츠의 교차 소비가 없으면 콘텐츠의 수출입도 없으니 라디오는 산업적으로도 국가들 간의 소통이 드물 수밖에 없다. 콘텐츠의 활발한 교류를 넘어 플랫폼도 글로벌 경쟁을 벌이고 있는 영상 미디어 산업은 콘텐츠, 플랫폼, 비즈니스 모델이 점점 평평해지는 방향으로 발전해 왔지만, 언어 장벽이 있는 라디오는 콘텐츠뿐만 아니라 산업 구조와 관행 역시 언어권별로 구분되어 발전할 가능성이 높은 구조다.

라디오 산업의 유사성 관점에서 보면, 영국 · 호주 · 뉴질랜드 · 남아프리카공화국 등 영연방 국가들이 한 덩어리, 역시 영어를 쓰지만 정치 · 문화 · 사회 · 경제적 차이를 보이는 북미가 한 덩어리, 말은 조금 달라도 EU라는 공통분모로 묶인 유럽이 한 덩어리, 중국이 한 덩어리, 인도가 한 덩어리, 동남아 아세안 국가들이 한 덩어리, 남미 국가들이 한 덩어리, 아랍어권이 한 덩어리, 여러 언어를 쓰지만 유사한 제도와 상황에 있는 아프리카가 한 덩어리를 형성한다. 그리고 마지막으로 특정 공용어권에 속하지 않으면서 단일 언어를 사용하는 국가들(일본과 한국이 대표적인 예)이 각자 자신만의 라디오 산업을 구축해 왔다. 그런데 이렇게 구분한 라디오 산업권들 간의 거리는 다양하다. 언어 · 문화 · 역사의 공유, 경제 의존성 등으로 인해 영향을 주고받는 관계가 있는 반면, 바다에 가로막힌 섬처럼 거의 교류가 없는 곳들도 있다. 남미는 경제 문화적으로 미국과 밀접하게 연결되어 있으면서 스페인어로 유럽과 연결되어 있으며, 북미와 영연방은 영어로 연결되어 있고, 영국은 유럽의 일부로도 볼 수 있고, 아프리카 · 동남아 · 인도는 식민지 역사와 그것이 남긴 제도적 · 경제적 의존성으로 유럽과 연결된다. 이들은 결국 돌고 돌며 밀접하게 연결되어 있어서 각 라디오 산업 블록 간에도 공통분모를 갖고 있다. 한편 오천만 넘는 인구가 단일 언어의 벽을 치고 한 지역에 모여 사는 한국과 일본, 그리고 대륙이 곧 국가인 중국 세 나라는 다른 라디오 산업권들과의 교류 없이 자신만의 사일로(silo)를 높여 온 사례라 할 수 있다. 특히 한국과 일본은 언어가 곧 경계가 되는 라디오 산업 특성상 타 라디오 산업권들과의 관계에서 섬나라라고 해도 무방하다. 또 이 둘은 라디오 방송의 뿌리가 식민지 역사부터 얽히면서 콘텐츠 내용 면에서는 서로 유사성도 있지만, 산업 발전 양상에서는 갈수록 그 차이가 벌어지고 있는 특이한 비교 대상이다.

한편 국가 간 라디오 산업 발전과 위기 대응 양상에 큰 차이를 빚어내는 데에는 또 다른 중요한 요인이 있다. 바로 아날로그 지상파 라디오 방송망을 대체할 수 있는 신기술 네트워크(디지털 지상파 라디오 방송망, 브로드밴드망, 모바일 인터넷망)의 보급률 차이다. 전달하는 콘텐츠의 덩치가 큰 영상 매체는 네트워크의 교체에 꽤 오랜 시간이 들지만, 콘텐츠 용량이 작은 오디오 매체는 새로운 네트워크로의 대체가 상당히 빠르게 일어난다. 모바일 인터넷 서비스가 시작되었을 때를 생각해 보면, 음악 서비스는 금방 스마트폰으로 듣기 시작했지만 영상을 스마트폰으로 부담 없이 볼 수 있을 때까지는 상당한 시간이 걸렸다. 모바일 인터넷망이라는 새로운 네트워크의 전송 용량이 영상물을 원활하게 소비할 수 있을 만큼 커지고 이용요금도 부담 없는 수준으로 떨어질 때까지 기다려야 했던 것이다. 이 현상은 인터넷이 상시 연결된 커넥티드 카 사례를 봐도 알 수 있다. 국내 자동차 시장의 과점적 지배자인 현대기아차의 커넥티드 카를 예로 들면, 운전자가 넷플릭스나 유튜브, 초고음질 오디오 같은 대용량 콘텐츠 서비스를 이용하려면 데이터 요금을 추가로 내야 하지만, 오디오 매체는 2023년 하반기부터 제로 레이팅(zero rating: 해당 콘텐츠 전송을 위해 추가 요금을 매기지 않는 과금 방식)이 적용되기 시작했다. 경쟁 오디오 서비스들로부터 라디오를 보호해 주던 금전적 해자(垓字)가 사라진 것이다. 오디오 미디어는 이렇게 영상 미디어에 비해 네트워크의 영향을 빠르게 받기 때문에 신규 네트워크 보급의 국가별 차이는 국가 간 라디오 산업 상황에도 큰 영향을 끼친다. 우리나라는 고정 가격으로 무제한 쓸 수 있는 유선 인터넷망을 세계에서 가장 빠르고 넓게, 무선 인터넷망 역시 그에 못지않은 속도와 저렴한 가격으로 보급했다. 이에 따라 인터넷망을 통한 라디오 청취 습관이 광범위하게 퍼지면서 디지털 지상파 라디오 방송망에 대한 필요성이 확 떨어졌다. 반면 광대역 인터넷과 무선 인터넷 요금이 비싸고 음영 지역 해소가 늦었던 서구권에서는 디지털 지상파 라디오 방송망에 대한 니즈가 우리보다 클 수밖에 없었다. 이제 라디오의 최대 소비 공간인 자동차가 커넥티드 카로 전환됨에 따라 자동차에 내장되는 무선 인터넷의 접근성 차이, 자동차의 교체 주기 차이가 각국 라디오 산업 발전 양상을 분화시키는 또 다른 요인이 될 것이다.

한국: 글로벌 라디오 산업의 갈라파고스

필자는 국내 라디오 종사자로는 드물게 해외 라디오 방송 현장과 연관 산업을 접할 기회가 여러 차례 있었다. 원래 라디오 방송사는 자국어를 쓰는 국내 청취자를 대상으로 하므로 해외 제작이란 개념이 낯설다. 그러나 필자가 재직 중인 MBC 라디오는 해외 현지 생방송부터 공개 방송, 글로벌 제휴 등 다양한 시도를 과감하게 추진하는 조직 문화를 가지고 있었다. MBC 라디오의 황금기에 프로그램 제작 일선에 있던 행운으로 중국, 일본, 독일, 영국에서 현지 제작과 생방송을 경험했고, 플랫폼 분야로 커리어를 전환한 후에는 호주, 홍콩, 일본, 미국의 라디오 산업, IT · 테크 기업의 오디오 콘텐츠 비즈니스, 자동차 인포테인먼트 등 연관 산업까지 돌아보고 사업적 논의를 해 볼 기회를 가질 수 있었다. 그 과정에서 라디오에 대한 관심을 콘텐츠에서 플랫폼, 기술, 비즈니스로까지 넓히게 되었다.

그런데 이렇게 한국 라디오를 글로벌 시점에서, 또 라디오 외부 산업 관점에서 바라볼 기회가 많아지면서 필자의 뇌리에 점점 선명해지는 단어는 '갈라파고스'였다. 갈라파고스, 남미 에콰도르에서 태평양 쪽으로 1000여 km나 떨어진 고립된 제도, 그래서 외부와의 교류가 거의 없어 고유종들의 생태계가 형성되었던 그곳 말이다. 콘텐츠는 해외 라디오 프로그램들을 이해하기 어려우니 논외로 하더라도, 산업적인 면에서도 한국 라디오는 확실히 글로벌 라디오 산업 추세와 멀어져 왔다.

첫째, 지상파 방송망의 당연한 기술적 진화인 송출의 디지털화에 실패했다. 미국은 HD-Radio를, 영국·유럽·호주는 DAB나 DAB+ 방식의 디지털 라디오를 도입해서 오래된 곳은 이미 20년 넘게 쓰고 있고, 스위스와 노르웨이 등은 FM을 중단해 지상파 라디오의 디지털 '전환'에까지 이르렀다. 한편 한국은 2000년 이전부터 디지털 라디오 도입 논의를 시작했지만, 기술 표준에 대한 갈등이 길어지던 중 디지털 TV의 이동 수신 문제를 해결하기 위한 DMB라는 변종 기술이 등장하면서 라디오 디지털화의 추진력을 잃었다. 특히 한국은 세계에서 가장 일찍 아날로그 테이프 위주 제작에서 탈피해 하드디스크와 인트라넷망 중심의 디지털 제작 시스템으로 전환했기에 더 의아

한 시선을 받는다. 콘텐츠를 디지털로 만드는 시스템은 서둘러서 만들어 놓았으면서, 정작 이를 방송으로 쓸 때는 아날로그 방식을 고집하고 있기 때문이다.

둘째, 지상파 스트리밍[8]의 통합 플랫폼이 없다. 한국은 2006년 2월 MBC 라디오가 '인터넷 라디오 mini' 플레이어를 PC 위젯으로 내놓고, 이후 1년 사이에 KBS, SBS, CBS가 경쟁적으로 유사한 위젯을 출시하면서 본격적인 스트리밍 라디오 시대가 열렸다. 지상파 스트리밍 라디오의 대표적 사례로 꼽히는 영국 BBC의 아이플레이어(iPlayer)가 2007년에 출시되었으니 이보다 한 해 빠른 것이다. MBC mini, KBS KONG, SBS 고릴라, CBS 레인보우, EBS 반디 등 각 방송사의 스트리밍 라디오 플레이어들은 폭발적인 속도로 청취자들의 PC에 깔렸다. 한국의 라디오 스트리밍

---

8) 스트리밍 라디오는 흔히 인터넷 라디오라고도 부르는, 인터넷망을 통해 전달되고 청취자가 스마트폰 앱이나 PC 위젯, 웹사이트 접속을 통해 듣는 라디오를 뜻한다. 인터넷으로만 송출하는 독립 인터넷 라디오들도 있지만, 이 책에서는 기존의 지상파 라디오들이 지상파와 동시에 같은 내용을 송출하는 것으로 좁혀서 말하고자 한다(MBC 라디오는 이런 광범위한 해석을 피하고 지상파 대비 비교 우위를 강조하고자 몇 년 전부터 '스마트라디오'라는 표현을 도입했다) – 역자주.

플레이어들은 실시간 재생 기능만 있는 해외의 플레이어들과 달리 인스턴트 메신저(청취자가 제작진에게 직접 실시간으로 문자를 쓸 수 있는)가 결합되어 있는데, 이런 특징은 라디오 청취자 피드백의 중심을 엽서 · 팩스 · 웹사이트 게시판에서 mini 메시지 같은 스트리밍 라디오 플레이어 메시지로 전환시켜 방송의 피드백 호흡을 빠른 템포로 바꾸는 등 제작 체계와 청취 관행에까지 영향을 미쳤다. 얼마 지나지 않아 지상파 라디오 광고와 분리된 스트리밍 라디오 전용 광고 시장도 등장했고, 2010년대 들어 스마트폰이 급속히 보급되자 스마트폰 앱으로도 출시되어 주요 라디오 청취 경로로 자리 잡았다.

그러나 이런 발 빠른 기술 발전 대응에도 불구하고 방송사들 각자가 자사 채널만 담은 플레이어를 고집하면서 청취자들을 불편하게 만들고 있다. FM 수신기에서는 다이얼을 돌리거나 프리셋 버튼을 눌러 쉽게 채널을 바꿀 수 있었지만, 스트리밍 라디오는 방송사마다 앱을 다운로드해 설치하고, 서로 다른 UI에 적응하며 들어야 한다. 라디오의 최대 강점인 간편함과 단순함을 잃어버린 것이다. 이러한 불편을 해소한 것이 영국에서 시작되어 유럽 국가들로 퍼져 나간 '라디오플레이어', 일본의 '라지코', 호주의 '라디오앱' 등 '국가 통합 라디오 플랫폼'이다. 청취자도 편할 뿐만 아니라 규모 있는 플랫폼을 이뤄 산업 경쟁력도 높이는 것이다. 그러나 한국에서는 방송사들의 점유율 경쟁과 기존 방송사별 플레이어 매출 하락 우려 등으로 통합 플랫폼을 띄우지 못하고 있다. 가장 먼저 시작했으면서도 플랫폼으로 나아가지 못하고 단순 플레이어에 머물고 있는 것이다.

셋째, 음성 광고의 디지털 생태계가 생겨나지 않고 있다. 자동차 라디오를 제외한 FM 수신기가 급속히 줄어들고 모든 이들의 손에 스마트폰이 쥐어지면서, 스트리밍 라디오(스마트폰과 PC의 라디오 앱)가 지상파 라디오의 주요 청취 경로로 떠올랐다. 통합 플랫폼의 부재로 인한 청취자 불편에도 불구하고, 국내 메이저 방송사들의 라디오 앱들은 보유 채널 스트리밍을 독점함으로써 만만찮은 이용량을 가지고 있다. 그래서 앱 구동 시 전면 배너 광고, 채널 선택 시 프리롤 음성 광고, 지상파 중간 광고를 대체하는 온라인 전용 음성 광고, 화면 빈틈의 배너 광고 등 곳곳에 광고를 심어서 수익화하고 있다. 여기까지만 보면 한국 라디오는 주요 디지털 광고의 디지털 진화를 이룬 것처럼 보이지만, 그러나 안타깝게도 실상은 그렇지 않다. 한국 라디오 핵심 수익 모델인 음성 광고는 재래식 광고 거래·운용 체계에서 나아가지 못하고 있다. 국내에는 디지털 음성 광고 생태계–디지털 음성 광고 거래 플랫폼과 관련 솔루션, 참여 광고주와 매체 등으로 구성–가 없기 때문이다.

우리가 네이버, 구글, 페이스북 등에서 접하는 배너, 검색 광고 등 디지털 광고가 재래식 아날로그 광고를 압도하게 된 비결은 극대화된 거래 효율성, 개인화 소재 노출, 광고 효과 측정 데이터 때문이다. 신문 광고나 방송 광고 같은 재래식 광고는 미리 값이 정해진 광고 자리를 광고주에게 파는 것이다. 광고 소재를 만들고, 전달하고, 자리를 사고파는 과정에 모두 사람이 개입해야 한다. 하지만 디지털 광고는 다르다. 수많은 광고 거래가 사람의 개입 없이 자동으로 일어나고, 광고 자리에 몰리는 사람들의 주의력(attention)의 양과 질에 따라 자릿값이 변한다. 디지털 광고의 이런 효율성에 길든 광고주들은 고정 가격에 노출 측정도 애매한 재래식 광고에서 멀어졌다.

디지털 음성 광고 생태계가 조성되려면, 거래 플랫폼이 구축되어야 하고, 데이터가 쌓여야 하고, 광고주가 이를 인식하고 그 효과에 대한 믿음을 가질 시간이 필요하다. 그러나 개별 방송사의 라디오 앱들이 공유하는 플랫폼 없이 지상파 라디오 광고 대비 저렴한 가격만을 무기로 경쟁하는 시장으로 흘러오다 보니 새로운 생태계가 꾸려지기는 요원한 상황이다.

한편 미국, 유럽, 호주, 일본 등 통합 플랫폼을 보유하고 있는 국가들의 라디오 산업은 스트리밍 라디오에 특화된 디지털 광고 체계, 즉 광고를 효율적으로 사고팔 수 있는 디지털 광고 거래 플랫폼을 갖추고 있어 광고 시장의 규모와 역동성을 끌어올리고 있다. 이들 광고 플랫폼은 라디오를 넘어 팟캐스트, 음원 플랫폼들의 광고까지 더하면서 '모든 온라인 음성 광고 거래를 효율화하는 플랫폼'으로 덩치를 키우고 있다. 반면 한국은 글로벌 광고주들이 국내 지상파 라디오의 스트리밍이나 팟캐스트에 음성 광고를 집행하려 해도 이를 받아 낼 수 없는 현실이다. 애즈위즈(Adswizz), 아트19(Art19), 트라이톤디지털(Triton Digital) 같은 해외 디지털 음성 광고 솔루션 업체들은 한국이 배너 광고, 검색 광고, 모바일 광고를 세계적으로도 가장 일찍 시작한 시장인 만큼 디지털 오디오 광고도 당연히 발달했으리라고 기대한다. 그러나 국내 진출을 타진하는 과정에서 한국 음성 광고 시장의 원시성에 놀라며 진출을 포기하는 경우가 많았다.

넷째, 체계적이고 지속적인 라디오 진흥 정책 구조가 없다. 라디오는 무료 보편적 접근성, 재난 대비 특성 등을 이유로 사회 공공 인프라적 성격이 강한 매체다. 사회 공공 인프라는 수익성을 떠나 반드시 필요하기 때문에 정책적으로 생존을 뒷받침한다는 사회적 합의가 있다. 영화, TV, 포털, SNS 등 크게 돈벌이 될 만한 산업들이 속속 등장하고 규모를 키울수록 라디오 산업의 수익성은 떨어져 왔고, 개별 사업자들은 점점 더 영세해져서 성장은커녕 현상 유지도 어려운 경우가 늘어난다. 그래서 사회적으로 반드시 필요하지만 시장 논리에만 맡겨서는 사업성이 떨어지는 산업은 결국 국가가 나서서 생존을 보장하고 자생력을 키우는 정책을 펴게 된다. 자동차에 라디오 수신기를 의무 탑재하게 한다든가(EU의 DAB 라디오 의무 탑재 규제), 정부 내에 진흥 기관을 만든다든가(일본 총무성 산하의 '라디오 연구회' 설치), 라디오 산업 진흥을 위한 민관 협력 기구(영국의 청취율 조사 기구 RAJAR, 미국의 RAB 등)를 활성화하는 등의 정책이 그런 예다. 그러나 한국은 라디오 진흥 정책의 전통이 없고, 있는 정책마저 사문화되어 있다. 지진 등 큰 재난이 닥칠 때마다 재난 대응 매체로서의 라디오를 언급하지만, 터널과 지하철, 지하 주차장의 중계기 설치 의무는 제대로 지켜지지 않는다. 필자가 라디오 산업에 종사해 온 지난 25년간 딱 한 번 봤던 정부의 라디오 진흥 정책 시도—방송통신위원회는 2018년부터 2년간 '지상파 라디오 진흥 자문 위원회'를 꾸려 관련 정책 연구를 수행, 위기의 라디오 산업을 더 이상 방치해서는 안 된다는 학계의 우려를 반영한 정책 건의서("라디오 방송 진흥을 위한 정책 건의서")를 2020년 7월 발표했다-는 라디오 종사자들의 큰 기대를 받았지만, 이를 추진했던 방송통신위원회 허욱 상임위원(CBS 기자 출신)의 퇴임과 함께 흐지부지되고 말았다. 말 그대로 '선언적 발표'에 그쳤을 뿐 그 어떤 실행으로도 이어지지 않았다.

다섯째, 최대 청취 공간인 자동차와의 소통이 너무 부족하다. 공간을 기준으로 라디오 청취 행태를 구분할 때 크게 세 가지, 고정 장소(집이나 사무실), 움직이는 장소(자동차), 움직이는 개인(수신기를 휴대하고 이동하면서 듣는 경우)으로 나눌 수 있는데, 조사에 따라 차이는 있지만 한국에서는 보통 70~80%의 응답자가 자동차를 주된 청취 장소로 꼽는다. 청취 장소에 대한 답변은 국가별 차이가 큰데, 고정 장소에서의 라디오 청취 행태가 상대적으로 적은 한국의 경우 라디오 청취의 자동차 의존도가 높은 편에 속한다.

자동차 입장에서도 가장 많이 소비하는 미디어가 라디오다. 전방 주시를 위해 운전 중 영상 시청이 제한되고 복잡한 버튼 조작이 어렵다 보니, 라디오가 오랫동안 자동차

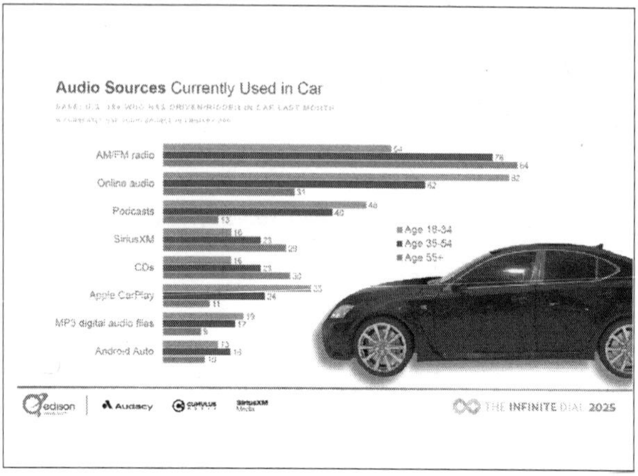

그림 2-10. 미국의 자동차 내 오디오 미디어 소비 비중을 표현한 인포그래픽

온라인 오디오(Online audio)는 음악 스트리밍 서비스나 인터넷 라디오, 시리우스엑스엠(SiriusXM)은 유료 위성 라디오를 뜻한다. 미국의 디지털 지상파 라디오 HD-Radio는 아날로그 라디오와 동일 주파수대를 쓰기 때문에 맨 위 AM/FM Radio에 포함되어 있다.
이미지 출처: The Infinite dial 2025 보고서, Edison research, 2025

의 터줏대감 매체일 수밖에 없었다. 물론 터치스크린, 스마트폰 미러링, 음성 비서 등 디지털 스마트 기술에 힘입어 음원 서비스와 같은 새로운 미디어의 이용이 늘고 있긴 하지만 시장 전체로 보면 라디오를 능가하지는 못하고 있다.

라디오와 자동차의 이런 관계로 보면, 이 두 산업은 당연히 긴밀해야 할 것처럼 보인다. 실제로 미국과 유럽의 라디오 업계는 자동차 산업의 변화를 주시하고 그 변화 과정에서 라디오의 자리가 밀리지 않도록 목소리를 자주, 크게 낸다. 자동차 업계와 협의하기도 하고, 자동차 산업 규제 정책에 라디오의 의견을 반영코자 정부와 국회에 로비도 한다. 그런데 한국에서는 이제껏 그런 움직임이 없었다. 방송사들은 자동차가 어떻게 변하는지 무관심했고, 자동차 회사들은 라디오에 묻지도 않고 인포테인먼트 전략을 짰다. 두 산업 간에 대화가 없었다. 한국은 생산량 기준 세계 5위의 자동차 강국이며 판매량 기준 세계 3위의 자동차 OEM(자동차 업계에서는 완성차 회사를 OEM이라고 부른다)인 현대기아차 그룹의 본사가 있는 국가다. 국내 OEM뿐만 아니라 폭스바겐, 벤츠, BMW, GM, 스텔란티스 등 주요 글로벌 자동차 OEM들에 인포테인먼트 시스템을 공급하는 현대모비스와 LG전자까지 있는 나라다. 현대기아차의 국내 시장 점유율이 80%에 육박하기 때문에 대화할 상대가 여럿도 아니다. GM 생산 공장의 철수로 사실상 국내 자동차 제조업이 없어진 호주 라디오 업계가 보면 무척 부러워할 상황이다. 그런데도 두 산업 간의 소통이 빈약하다는 것은 해외 라디오 관계자들이 봤을 때 매우 이상한 현상이다.

여섯째, 산업 내 직종 다양성이 너무 부족하다. 해외 라디오 방송사를 방문하거나 국제 행사에서 만나 명함을 받아 보면, 라디오 업계에도 이런 역할이 있었나 싶을 만큼 다양한 직책을 만나게 된다. 경영자, 재무 담당 임원, 경영지원, 마케터, 최고 기술 책임자(CTO), 대외 협력 담당 등 일반 기업에서 볼 수 있는 역할들도 많다. 이들은 오랜 기간 라디오 방송사에서 해당 분야 전문성을 갈고닦은 전문가들, 즉 라디오 산업의 특성을 잘 이해하고 이를 비즈니스로 풀어내는 '라디오 전문' 경영인, '라디오 전문' 마케터, '라디오 전문' 기술 전문가인 경우가 많다. 따라서 자신의 전문성을 라디오에 최적화된 방식으로 깊게 발휘할 수 있는 사람들이다.

이들은 또한 라디오 방송사, 팟캐스트 업계, 오디오 미디어 기술 기업, 마케팅 · 브랜딩 기업, 자동차 업계를 오가며 연관 산업들의 시너지를 낸다. 라디오가 방송에만 갇혀 있지 않고 사회 변화, 기술 변화, 비즈니스 변화를 잘 따라갈 수 있는 토양이 된다. 영어권의 라디오 산업 소식을 전하는 전문지—국내에는 아예 존재하지도 않는—를 보면 스타 경영자, 스타 마케터들의 스카우트와 이직, 그들이 보여 주는 새로운 마케팅 기획, 브랜드 캠페인 뉴스,

신기술 소식들이 가득하다.

반면 우리 측에서 건네는 명함들은 대부분 '프로듀서' 또는 '엔지니어', 즉 프로그램 제작 부문의 직함을 달고 있다. 현재 프로그램 제작 외 업무를 하고 있어도 명함의 타이틀은 여전히 '프로듀서'나 '엔지니어'로 쓰는 경우가 많다. 당장은 라디오국에서 디지털 전략을 짜고 있고, 대외 정책을 맡고 있더라도 언제라도 제작 일선으로 '복귀'할 수 있다는 뜻이다. 프로그램 제작자라는 정체성에 뿌리를 두고 다른 업무를 잠시 맡고 있다는 느낌으로 일한다. 해외 라디오 종사자들과는 직종에 관한 인식, 직업 정체성에서 차이가 크다.

한국 라디오의 비즈니스 부문 종사자들은 일단 그 수가 제작 부문에 비해 매우 적고, 라디오에 특화되지 않은 경우가 많다. TV · 라디오 겸영사들의 해당 인력들은 '경영 직군'에 속한 채로 'TV'를 주무대로 일하다가 라디오에 잠시 들렀다 가는 경우가 많다 보니 라디오 산업에 대한 전문성이 쌓이기 어렵다. 라디오 단독사들은 공적 재원에 기대는 비즈니스 모델을 갖고 있는 경우가 많아서 아예 비즈니스 인력 규모가 미미한 경우도 있다. 케이블 TV와 인터넷 뉴스 등 다른 매체도 갖고 있지만 라디오가 주력인 CBS 정도가 예외일 뿐, 결국 한국에서는 스스로를 '라디오 전문'이라고 인식하는 비즈니스맨이 존재하기 힘든 구조다. 이런 인력 구조는 결국 '상품(프로그램) 제조 능력은 뛰어나지만 유통과 판매에는 취약한' 기업 체질로 이어진다.

2장에서는 본보기로 삼을 만한 라디오 산업을 가진 세 국가의 이야기, 그리고 그와 대조되는 우리의 현실을 다뤘다. 이를 마치며 노파심에서 당부의 말을 덧붙이고 싶다. 딱 맞는 풀 세트(full set)의 벤치마크 대상은 없다. 저들은 우리와 환경이 다르니 우리에겐 의미 없는 이야기라고 비판하며 쳐내는 쉬운 길을 택하지 않기 바란다. 배울 점이 조금이라도 있다면, 우리가 발전적으로 활용할 부분이 손톱만큼이라도 보인다면 이를 큰불로 지펴 내려는 자세로 이 장을 읽어 내기 바란다. 미래는 성공 확률이 높은 모델을 그려 놓고 그 예측이 맞기를 기다리는 것이 아니다. 원하는 미래는 일말의 가능성을 집요하게 파고들어 만들어 내는 것이다.

03

한국 라디오는 왜?

청취자에게 불편을 강요할까?
디지털 시대에 홀로 아날로그로 남겨졌을까?
스마트폰에서마저 디지털 음성 광고를 하지 못할까?
모두가 어려우면서도 남들처럼 연대하지 못할까?

한국의 라디오 산업은 어렵다. 1부에서 살펴본 바와 같이 공급 재화의 소비량(매체별 이용 빈도)과 사업 매출이 오랜 기간 지속적으로 악화되고 있다. 특히 안타까운 것은 수용자들이 라디오를 듣고자 해도 쉽지 않고, 이런 불편을 넘어 수용자들이 소비하는 양조차 제대로 수익화하지 못한다는 점이다. 필자가 몸담고 있는 MBC 라디오는 지난 수십 년간 국내 라디오 시장에서 과점적 청취율을 지켜 왔다. 그러나 지난 사반세기를 돌아보면, 시간이 갈수록 청취율과 수익성의 괴리가 커지는 것이 뚜렷해지고 있다. 청취율 1위 프로그램이라는 지회자찬이 겸연쩍을 정도로 광고 자리가 허전하다. 정권과의 불편한 관계를 이유로 보는 시각도 있지만, 그것만으로는 한국 라디오 산업에서 청취량과 수익의 비례 관계가 깨진 것을 설명하기 어렵다. 오히려 쉽고 확실한 설명은 비즈니스 상대편인 수용자와 광고주 관점에서 나올 수 있다. 청취자 입장에서 제품을 쉽게 만나기 어렵고(유통의 단절), 광고주 입장에서 편하게 믿고 광고하기 꺼려진다(수익화 고리의 단절). 유통과 수익화가 원활하지 않은 구조적 문제, 시장 실패를 해결하지 않는 한 한국 라디오 산업은 액셀을 아무리 밟아도 엔진 소리만 커질 뿐 앞으로 나가지 않는 자동차일 것이다. 3장에서는 한국 라디오 산업이 왜 이런 문제를 안게 되었는지를 좀 더 자세히 톺아본다.

왜 청취자에게 불편을 강요할까

집, 일터, 차 안, 어디에나 있어서 손만 뻗으면, 몇 걸음만 걸으면 바로 켤 수 있는 것. 지체 없이 소리가 나오고, 맘에 안 들면 다이얼 한 번 빙글 돌려서 여러 채널을 훑어 볼 수 있는 단순 간편함. 그게 라디오의 최대 강점이었다. 모든 게 예전보다 편해져서 사람들의 인내심이 얕아진 스마트 디지털 시대, 그런데 왜 라디오는 더 불편한 매체가 되었을까?

우리 집 FM 라디오가 고장 나면 무엇으로 라디오를 들어야 할까

과거 FM 라디오는 거실 전축에도, 내 방 책상 위 카세트플레이어에도, 가방 속 워크맨에도, 심지어 머리맡 알람 시계에도 있었다. 그런데 요즘은 그 라디오들이 떠난 자리를 다시 라디오로 채우기 힘들다. 라디오가 내장되어 있던 복합 음향 기기(전축이나 컴포넌트로 불렸던)는 전자 제품 매장에서도 더 이상 구하기 어렵고, 휴대용 음향 기기나 알람 시계는 모두 스마트폰이 먹어 버렸다. 아주 가끔 블루투스 스피커 중에 라디오 기능이 있는 것이 있거나, 특이한 인테리어 소품으로서의 라디오, 손님이 볼까 민망하고 조잡해 보이는 제품만 온라인으로 살 수 있다.

이제 한국에서 FM 라디오는 개인이 사는 제품이라기보다 자동차 회사나 건설사가 '본 상품'(자동차나 아파트)에 끼워 주는 B2B 상품이 되고 있다. 아파트 건설사가 주방에 FM 라디오를 달아 주지 않으면, 자동차 회사가 차에 라디오를 내장하지 않으면 우리 생활에서 FM 라디오를 찾기는 쉽지 않다. 사반세기를 라디오에서 일해 온 필자의 집에도 이젠 FM 라디오가 없다(이번에 이사 온 전셋집에는 주방에조차 작은 TV만 달려 있다). 자동차 밖에서 FM으로 라디오를 들을 수 있는 곳은 이제 찾기 힘든 것이 국내 현실이다.

FM 라디오가 거실에서 사라지고 있는 것은 비단 한국만의 문제는 아니다. 그러나 FM 수신기가 사라진 자리에 라디오를 편하게 들을 수 있는 새로운 디바이스를 들여올 수 있는가가 라디오 강국과 한국의 차이다. 앞서 2장에서 언급했던 것처럼, 호주나 영국에서는 FM 수신기를 치운 자리에 더 진화된 라디오 청취 기기들을 놓을 수 있다. 디

그림 3-1. 영국의 라디오 전문 제조사 퓨어(Pure)의 'Evoke' 시리즈 DAB+ 가정용 라디오

이미지 출처: https://www.pure-audio.com/en-GB/audio-hifi/radios/internet-radios/evoke-play/p/249523

지털 지상파 라디오(DAB+) 수신기도 될 수 있고, 모든 라디오 채널을 음성으로 호출해서 들을 수 있는 스마트 스피커도 될 수 있으며, 스마트폰에 연결된 블루투스 스피커일 수도 있다. 이들 국가에서는 어머니날(Mother's Day), 크리스마스 시즌의 선물 목록에 디지털 지상파 라디오 수신기가 자주 눈에 띈다. 라디오 방송사와 유통 기업들의 공동 마케팅도 활발하고, 선물로 주고받을 만큼 매력적인 제품도 많다.

디지털 라디오 수신기가 주로 중장년 이상 청취자의 선택이라면, 스마트 스피커는 전 연령에서 FM 수신기를 대체하고 있는 기기다. 미국, 영국, 호주, 유럽은 물론 디지털 라디오가 도입되지 않은 일본에서도 스마트 스피커는 라디오 청취의 핵심 도구로 떠오르고 있다. 앞서 라자르 인포그래픽에서도 나타나듯 영국 청취율 조사에서 중시하는 기기가 스마트 스피커이고, 미국과 호주 역시 라디오 청취 기기 점유율을 따질 때 스마트 스피커를 반드시 넣는다. 새로운 매체나 디바이스가 실제로 얼마나 중요한 역할을 하는지는 방송 사고가 나 보면 확실히 알 수 있다. 2025년 초 구글이 자사 스마트 스피커인 '구글 홈'과 '네스트' 기기에 펌웨어 업데이트를 배포하면서 라디오 스트리밍 기능이 멈춘 사건이 발생했는데, 당시 미국, 호주, 싱가

포르 등 여러 국가에서 이용자 항의가 빗발치는 등 큰 이슈가 되었다. 스마트 스피커를 통한 라디오 청취의 의존도가 높아졌음을 보여 준 사건이다. 또 비슷한 시기 스페인 상업 라디오 방송사 협회(AEC)는 음성 비서를 통한 라디오 콘텐츠의 자유롭고 제한 없는 접근을 보장해야 한다고 주장하며, EU 위원회에 디지털 시장법에서 AI 음성 비서를 라디오의 '게이트키퍼'로 지정할 것을 촉구했다. 라디오 청취에서 스마트 스피커 의존도가 커지다 보니, 구글과 아마존 등 빅테크들의 AI 음성 비서에서 라디오를 의무 재전송하도록 강제하는 법을 만들라는 요구까지 나온 것이다.

여기서 질문이 나올 수 있다. 한국도 스마트 스피커가 많이 보급되지 않았나? 그런데 왜 라디오 청취 기기로서의 존재감은 없나? 이동 통신사들이 IPTV 셋톱 박스 겸용으로 보급하기도 해서 KT '기가지니', SKT '누구', 네이버 '클로바', 카카오 '미니', 삼성 '빅스비'까지 국내용만 5종, 여기에 글로벌 빅테크 구글의 '구글 홈'까지 6종의 스마트 스피커 약 800~900만 대가 국내 가정에 들어가 있다고 한다. 하지만 스마트 스피커가 거실 라디오를 대체하는 의미를 가지려면, 보급 대수가 많다는 것만으로는 부족하다. 이들에서 라디오 채널 대부분이 원활하게 호출될 수 있어야 한다. 영국, 호주, 일본에서 스마트 스피커가 핵심 라디오 재생기로 떠오른 이유가 여기에 있다. 이들 나라에서는 라디오 채널 대부분을 모아서 갖고 있는 통합 플랫폼, 즉 어그리게이터(aggregator)가 있어서 자국 라디오 채널들을 한 번에, 일관된 호출 체계로 음성 비서에 넣을 수 있다. 반면 한국은 음성 비서 보유 기업과 라디오 방송사가 각각 개별적으로 협상하고 기술적 조치를 해야 한다. 6개의 음성 비서와 수도권 방송사 십수 개만 곱해 봐도 100여 개 조합이 나온다. 그래서 한국은 스마트 스피커에서 나오는 라디오 채널이 몇 개 되지 않고 그마저 회사마다 들쭉날쭉할 수밖에 없다. 스마트 스피커가 온전히 기존 라디오를 대신한다는 믿음을 주기 어렵다.

마지막으로 디지털 라디오 수신기, 스마트 스피커에 이은 세 번째 대안인 '스마트폰 앱에서 재생하고 블루투스 스피커로 듣는 방법'도 불편하다. 영국, 호주, 일본처럼 통합 플랫폼 앱이 없다 보니 방송사별로 각자 앱을 다운로드해 깔아서 들어야 하기 때문이다.

결국 국내에서는 FM 수신기를 치운 자리를 효과적으로 채워 줄, FM 수신기만큼 편한 라디오 청취 기기는 없는 셈이다.

라디오 방송사들의 빈약한 시각적 브랜딩

주파수 숫자는 공급자(방송사) 관점의 기술적 스펙이다. 아날로그 시대에는 기술적 한계로 인해 채널 브랜드(MBC Radio, MBC FM4U 같은 텍스트와 로고 이미지 등)를 표시하기 어려웠지만, 이젠 콘텐츠 전달 네트워크가 디지털(디지털 지상파망 또는 인터넷망)이거나 수신 기기가 스마트 디지털 기기(터치스크린 방식의 스크린 대시보드 또는 스마트폰)이기 때문에 화면 없는 재래식 FM 수신기 외에는 문자 텍스트 · 이미지 형식의 채널 로고 표기가 가능하다. 그럼에도 불구하고 국내 라디오는 여전히 주파수 숫자 중심의 채널 표기로 청취자를 불편하게 하거나, 이미지 로고를 쓰더라도 제대로 된 디자인 형식을 갖추지 못한 경우가 많다. 아날로그 시대에 태어나 채널 숫자 표시에 익숙한 세대는 이해한다 쳐도 디지털 네이티브들에겐 상당히 낯설고 이상한 대목이다.

오디오만 전달할 수 있는 FM 송출에서는 수신기에 채널명이나 이미지 로고를 전달할 수 없었고, 따라서 국내 라디오 방송사들의 브랜딩은 오디오 채널 ID나 징글, 프로그램 시그널 뮤직 등 청각적인 부분에 집중되어 있었다. 그러나 자동차나 스마트폰 등 라디오 콘텐츠를 소비

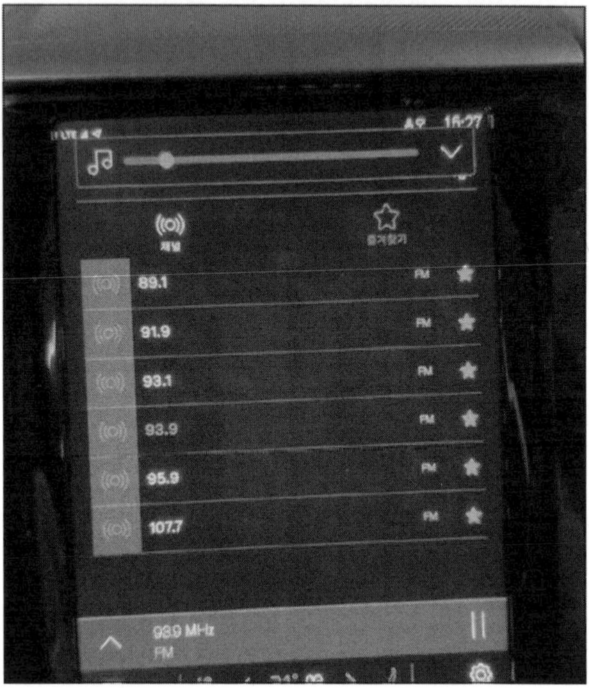

그림 3-2. 볼보코리아 XC60 모델에 탑재된 티맵모빌리티 인포테인먼트 시스템에서 라디오를 조작하는 화면

커넥티드 카의 최신 스마트 디지털 기기임에도 불구하고 라디오는 여전히 주파수 숫자로 채널을 표시하고 선택하게 되어 있다(필자 촬영 이미지).

하는 디바이스 상당수가 스크린 기반인 지금은 시각적 채널 브랜딩도 중요하다. 국내 라디오 방송사들도 웹사이트를 만들고 PC 위젯을 출시했던 2000년대 초반부터 채널 로고를 본격적으로 쓰기 시작했지만, 여전히 일반 기업들의 세련된 BI(Brand Identity) 체계를 갖추고 있는 곳은 많지 않다. 이는 결국 카 인포테인먼트 변화 과정에서 문제를 드러냈다. 이미 10여 년 전부터 자동차들은 컬러 터치스크린을 대시보드 중앙에 달고 나왔는데, 완성차 기업들이 이런 스크린에 맞춰 주파수 숫자 대신 이미지 로고로 라디오 채널을 표시하는 데 어려움을 겪은 것이다. 대표적인 것이 2023년경 현대기아차와 벤츠코리아 사례인데, 당시 국내 라디오 방송사 중 상당수의 BI 체계가 미비하거나, 심한 경우 공식 채널 로고가 없어서 일관성 있는 라디오 채널 목록을 구성할 수 없었다. 현대기아차는 개별 방송사마다 연락해서 규격에 맞는 로고를 협의하느라 애를 먹었고, 벤츠코리아의 경우 국내 라디오 채널 로고 조달을 맡겼던 외주 업체가 인터넷에서 긁어모은 조악한 로고 이미지를 그대로 차량에 내장해 출고하는 일이 있었다. 이 문제는 결국 필자가 제안한 방식 – 방송 협회가 라디오 방송사들과 완성차 기업들 사이의 채널 로고 교환 사이트를 구축 – 으로 해결하긴 했지만, 그 과정에서 드러난 우리 라

그림 3-3. MBC 라디오의 BI 가이드북(2022년 버전) 표지

보유 채널의 이미지 로고와 텍스트에 대한 사용례를 적용 기기와 소재에 맞춰 제시한다.

디오 방송사들의 브랜딩 인식은 안타까운 수준이었다.

일반적으로 BI 체계를 갖추고 있는 기업들은 브랜드를 어떻게 시각화하고 적용할지를 규정하는 BI 가이드를 통해 브랜드 일관성을 유지한다. 브랜딩 매니저와 디자이너의 전문성이 반영된 결과물을 체계적으로 구축하고 관리하고 적용한다. 다양한 포맷의 플랫폼과 디바이스로 청취자를 만나야 하는 2020년대의 라디오 역시 당연히 잘 정리된 BI가 필요하다. 라디오는 특히 청각이 기본인 매체이므로 청각과 시각 양쪽을 아우르는 공감각적 브랜딩까지 확장해서 갖춰야 한다.

청취자의 인내를 요구하는 라디오 애플리케이션

FM 수신기가 희귀해진 한국에서, 자동차 밖에서 라디오를 듣고자 할 때 가장 우선적인 대안은 스마트폰 앱이다. 그러나 한국에서 라디오 앱을 쓰는 것은 FM 라디오 때보다 편하지 않다. 일단 특정 방송사 한 개의 채널들만 들을 수 있다. 채널 공식 스트림을 제공하는 앱들은 모두 개별 방송사 전용 앱이기 때문이다. 라디오를 샀는데 채널 다이얼에 못질이 되어 있는 것과 다를 바 없다. '24시간 채널 고정' 충성 고객을 빼곤 모두가 불편하다. 한국의 라디오

그림 3-4. 필자의 스마트폰에 깔려 있는 국내 라디오 방송사 애플리케이션들

채널들은 비슷한 장르가 하루 종일 이어지는 전문 편성보다는 시간대마다 장르가 변하는 종합 편성이 더 많다. 전문 편성 채널조차 시간대마다 타깃 청취층을 옮겨 다니는 경우도 많다. 취향이 다양해진 요즘 청취자들은 시간대마다 애청하는 프로그램이 다를 가능성이 예전보다 크다. 자사 채널과 프로그램을 다양화하지 않은 채로 이런 청취자들을 자사 앱 내에 가두려는 시도는 결국 다수 청취자의 거부감을 불러일으킬 가능성이 높다.

한국에서 라디오 앱을 쓰는 청취자들은, 누르면 바로 들리는 FM 라디오와 달리 앱 실행 후 방송이 나올 때까지 얼마간 기다려야 한다. 애플리케이션의 수익 모델이 진입로에 집중되어 있기 때문이다. 기존 라디오의 핵심 수익 모델인 음성 광고는 프로그램 중간마다 넓게 분포되어 있어서 짧게 여러 번 기다리면 되는 구조이지만, 현재 한국 라디오 앱들은 앱 실행 시의 전면 배너나 인트로 동영상·음성 광고에 크게 의존하고 있다. 청취자의 빠른 진입을 가로막으면서 수익을 취해야 할 만큼 중간 음성 광고의 수익성이 좋지 않기 때문이다. CBS 라디오의 스마트폰 청취 앱인 레인보우의 진입 과정(그림 3-5, 2025년 5월 아이폰 버전)을 살펴보면, 방송을 듣기 전에 전면 배너 광고 → 동영상 프리롤 광고 → 사용법 안내 화면 등 세 단계를 넘어야 한다.

IT 투자에 큰 여력을 지속적으로 쏟을 수 없는 개별 라디오 방송사 여건상 앱을 안정적으로 유지하고 발전시키는 것 역시 어렵다. 24시간 스트리밍과 동시 접속을 소화해야 하는 라디오 애플리케이션을 여러 운영 체제(iOS, 안드로이드 OS, 윈도우즈 OS 등)는 물론 다양한 스마트폰 모델의 판올림에 맞춰 지속적으로 업그레이드하면서 안정적으로 운영하는 것은 간단치 않다. 이런 쉽지 않은 구

그림 3-5. CBS 레인보우 앱의 진입 과정

축과 운영 작업을 영세한 라디오 방송사 각자가 근근이 하고 있으니, 앱의 완성도나 안정성을 청취자 기대에 맞추는 것은 사실상 불가능하다. 그들의 눈높이는 유튜브, 구글, 네이버 등 일상적으로 많은 시간을 보내는 빅테크 앱에 맞춰져 있어 일시적 장애라도 용납하지 않는다.

라디오의 최대 강점은 '틀면 바로 나온다'라는 더 단순할 수 없는 간편함이었다. 그런데 한국 스마트폰에서의 라디오 사용 경험은 아날로그 시절보다 낫지 않다. 방송사마다 앱을 옮겨 다니는 것도 번거로운데, 앱에 진입할 때마다 장애물 앞에서 기다려야 하고, 전반적인 만듦새는 촌스럽고 안정성도 불안하다. 특정 채널과 프로그램의 찐팬이 아닌 이상 외면하지 않는 것이 이상하다. 모든 서비스와 제품이 이용자에게 약간의 불편함도 참지 마시라고 경쟁하는 시대다. 라디오의 간편함을 경험하기 전에 라디오 앱의 불편함부터 겪어 본 어린 세대, 소위 '라디오 이민자 세대'—'radio-immigrant generation', 스마트폰 앱이 아니라 FM 시대부터 라디오를 경험해 본 '라디오 원주민 세대(radio-native generation)'와 반대되는 개념으로 필자가 비유적으로 쓴 표현—는 혹시 '불편함과 인내'가 라디오의 특징이라고 생각하고 있지 않을까?

왜 디지털 시대에 홀로 아날로그로 남겨졌을까

라디오는 원래 아날로그만 있다? 아날로그가 라디오의 맛이다? 아니다. 오해다. 그럴 리가 없다. 같은 지상파 방송이면서 라디오보다 훨씬 더 큰 정보량을 실어 나르는 TV 방송이 디지털 TV로 전환했는데, 그 축소판인 라디오에 디지털 방송 기술이 없다는 게 말이 되나? '지상파 디지털 TV 방송'이 존재하듯, 라디오도 '지상파 디지털 라디오 방송'이 있다. 다만 우리가 들어 본 적도, 수신기를 만져 본 적도 없으니 그런 것이 있을 거라는 생각조차 못 한 것이다.

규모 차이는 있었지만, 아날로그 송출이라는 DNA를 공유했던 라디오와 TV는 현재 대부분 국가에서 TV의 디지털 전환이 마무리되면서 질적으로 다른 기술 기반으로 갈라졌다. 2025년 현재 30대 중반 이상 세대들은 아날로그 TV에 대한 기억이 있을 것이다. 일단 지금의 디지털 TV와는 비교가 어려울 정도로 화질이 떨어졌고, 나오거나 안 나오거나 둘 중 하나인 디지털 TV와 달리 줄이 가더라도 방송은 나오는 중간 상태도 있었다. 디지털은 주어진 채널 대역폭을 복수의 채널로 나눠 쓸 수도 있으나(예: EBS가 주어진 대역폭을 10-1과 10-2로 분리해서 쓰는 방식. 대역폭이 줄어든 만큼 화질은 떨어짐), 아날로그에는 그런 유연성이 없었다.

한국의 TV 방송은 10여 년의 디지털 시험 방송을 거쳐 2012년 아날로그 송출을 중단하고 디지털 송출로 완전히 전환했다. 반면 한국 라디오는 21세기에 들어서고 사반세기를 넘기는 동안에도 디지털 송출로 진화하지 못했다. 이런 세월이 길어지다 보니, 사람들은 라디오도 TV처럼 디지털 송출이 있을 것이라는 당연한 의문조차 품지 않는 것 같다. 라디오는 시대에 뒤떨어진, 요즘 말로 '구린' 매체이니 원래 옛날 기술만 있을 거라고 지레짐작하는 사람들조차 있다. 하지만 라디오도 엄연히 디지털 라디오가 있다. 한국에 없을 뿐이다.

일반인들만 디지털 라디오의 존재를 모르는 것이 아니다. 국내 라디오 종사자들 역시 디지털 라디오를 말로만 들어 봤지 실제로 디지털 라디오 수신기를 써 보고 아날로그 FM과의 차이를 아는 사람은 드물다. 황당하게 들리겠지만, 1990년대 중반부터 2010년대까지 디지털 라디오 기술 표준을 미국식으로 할지 유럽식으로 할지를 놓고 목청 높여 갑론을박하던 사람들조차도 대부분 디지털 라디오를 책으로만 알고 있었다. 공학자들은 음파 그림과 데이터가 나열된 논문 같은 자료를 보고 끝도 없는 기술적 논쟁을 벌였고, 방송사와 정부의 정책 담당자들은 '기술적 특성에 미루어' 자사의 기득권에 미칠 영향, 청취자들이 느낄 편익을 짐작하여 싸웠다. 정작 디지털 라디오를 실제 도입한 국가의 방송사들이 그 기술의 어떤 특성을 사업적으로 활용하고, 청취자들은 어떤 부분에 매력을 느끼는지, 수신기의 사용자 경험은 아날로그 때와 무엇이 다른지를 제대로 파악하고 있거나 고민하는 사람은 보지 못했다. 동물도감에 그려진 코끼리만 본 사람끼리 인도코끼리냐 아프리카코끼리냐를 다투는 코미디 같은 논의를 한 것이다.

'디지털 라디오'는 DAB/DAB+, DRM/DRM+, HD Radio 등 '오디오의 디지털 전송 기술 표준'을 뜻한다. 오디오를 디지털 신호로 압축해 전달하기 때문에 같은 주파수 범위 내에 FM보다 몇 배 많은 채널을 넣을 수 있고, 사용 주파수 대역폭을 유연하게 조절해 사업 목적에 따라 채널 수와 음질을 조절할 수 있다. 전송 콘텐츠가 모두 0과 1로 변환되는 디지털 특성상 오디오가 아닌 텍스트, 이미지도 함께 전송할 수 있다. 또 방송 권역을 넘어가더라도 자동으로 듣던 채널을 연결 지어 줄 수도 있는데, 이를 단일주파수 네트워크(Single Frequency Network, SFN)라고 한다. 운전하면서 지역을 넘어가면 같은 방송이라도 주파수가 바뀌기 때문에 그 지역의 해당 방송을 다시 찾아서 맞춰야 하는 불편이 없어지는 것이다.

그러나 당시 국내에서 홍보했던 디지털 라디오의 장점은 위에서 언급한 내용들보다 'CD 수준 음질', '입체 음향', '기상 · 교통 정보 제공', '라디오 커머스' 등이었다. 하지만 이런 특성은 현실에서 수요도 경쟁력도 부족했다. 입체 음향, 텍스트 기상 정도와 교통 정보, 방송 커머스는 더 잘할 수 있는 매체가 있어 비교 우위가 될 수 없었다. 음질은 이미 자동차에서 듣는 FM도 CD에 버금가게 좋았고, 채널 수를 당시의 세 배까지 늘릴 필요성도 설득력이 부족했다. '주파수의 효율적 사용'은 청취자나 방송사와는 관계없는 국가적 필요였고, SFN 정도가 실제적 편익으로 느껴지는 정도 아니었을까. 방송사의 송출 시설, 지역 곳곳의 중계 시설, 청취자의 수신기, 자동차의 수신기 등을 모두 바꿔야 하는 미디어 토건 사업이니 기대 효과가 확실해야 할 텐데, 청취자와 방송사 어느 쪽에서도 눈이 번쩍 뜨이는 게 잡히지 않았다. 그렇다 보니 디지털 라디오 논의는 어느새 공학자들의 '기술 표준 간의 성능 논쟁', 방송사 간의 '기득권 유불리 논쟁'으로 변질되기 시작했다.

2013년, 이런 상황에 지쳤던 필자에게 디지털 라디오를 직접 경험해 볼 기회가 왔다. 회사에서 한 달짜리 해외 연

수 기회를 얻어 당시 디지털 라디오 도입을 시작한 홍콩과 호주를 차례로 방문하며 심층 조사에 들어갔다. 호주는 2009년, 홍콩은 2011년에 당시 디지털 라디오 기술 표준 중 가장 최신인 DAB+ 방식의 디지털 라디오 방송을 개시했다. 나는 방송사, 플랫폼 운영사(방송사가 콘텐츠 공급자인 동시에 플랫폼 운영사인 아날로그 FM과 달리, 디지털 라디오에서는 이 두 역할이 분리되어 있다), 광고 관계자, 규제 정책 담당자, 청취자, 수신기 판매상과 유통 채널, 라디오 산업 협회 등 디지털 라디오 산업을 둘러싼 다양한 주체들을 찾아다니며 관찰하고 이야기를 들었다. 실제 돌아가고 있는 디지털 라디오의 비교 우위와 사업적 특성, 사용자 경험을 파악해 보니 한국에서의 갑론을박이 오해에 기반하고 있거나, 기술적 스펙 비교에 매달린 나머지 방송 사업자와 청취자에게는 의미 없는 논쟁이었다는 생각이 들었다. 호주 라디오가 디지털 라디오에서 집중했던 편익은 디지털이 줄 수 있는 사업적 유연성, 송출 시설의 중복 투자를 방지할 수 있는 효율성, 에너지 효율에 따른 지속 가능성, 그리고 청취자들이 오디오를 어느 정도 들어보지 않고도 어떤 콘텐츠가 나오고 있는지 바로 파악할 수 있는 편의성, 매체 이미지를 제고하고 산업에 새로운 투자를 일으키기 위한 혁신성이었다.

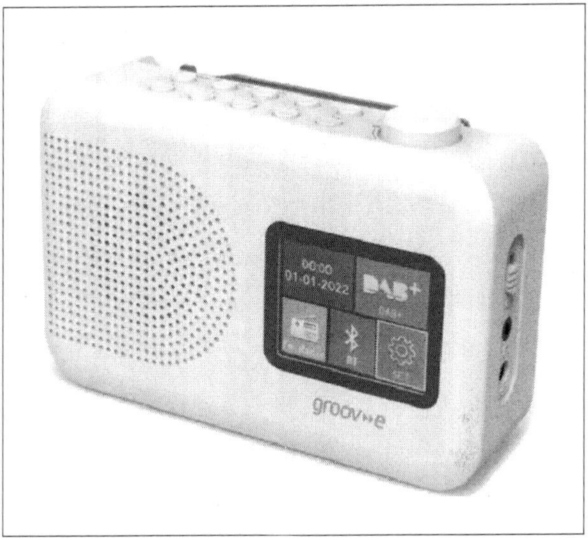

그림 3-6. DAB+ 가정용 수신기

Berlin Portable Colour Screen DAB/FM Radio With Bluetooth 모델. DAB+ 라디오에는 새로 생긴 채널 변동 정보를 수신하기 위한 스캐닝 기능이 있다. 팝업 채널 등 수시로 들고 나는 채널들이 있기 때문이다.

한국에서 강조했던 'CD 수준의 음질', '다채널'은 사실 '목적에 따라 음질과 채널 수를 유연하게 조절(trade-off)할 수 있다'로 말하는 게 정확한 설명이었다는 것을 알게 되었다. 모든 FM 채널이 동일한 음질을 갖는 아날로그 송출과 달리, 디지털 송출에서는 방송 사업자가 허가받은 주파수 대역폭(도로 폭)을 어떻게 쓸지(예: 채널을 줄여 음질을 높일지, 음질을 떨어뜨려 채널을 늘릴지, 오디오를 실어 나를지 텍스트나 이미지를 실어 나를지) 정할 수 있다는 게 핵심이었다. 클래식 채널을 방송하려는 사업자는 허가받은 대역폭을 최대한 써서 한 개의 고음질 채널을 만들고, 뉴스나 경제 같은 토크 채널을 하고자 하면 대역폭을 여러 개 채널로 쪼개서 쓸 수 있다. 심지어 하루를 두 개의 시간대로 쪼개어 낮에는 록음악 전문 채널, 밤에는 클래식 전문 채널로 간판을 바꿔 달 수도 있고, 특정 기간에만 운영하고 사라지는 팝업 채널–크리스마스 시즌 한 달 동안만 반짝 나타나서 성탄 이야기와 캐럴로 채워지다 사라지는 것처럼–로 운영할 수도 있다. 디지털의 이런 유연성이 청취자에게는 아날로그 때는 없는 혁신성과 창의성, 매력으로 다가오고, 방송사에는 새로운 사업 기회가 되는 것이다. 한편 디지털 라디오의 이런 강점을 살리기 위해서는 규제 정책도 아날로그와 달라야 한다. 채널을 여닫는 것을 자유롭게 해 줘야 하는 것이다(실제로 호주의 라디오 규제 당국은 디지털 라디오를 도입하면서 채널 변경을 위한 행정 절차를 극도로 간소화했다).

텍스트와 이미지 제공 기능도 그 의도하는 목적이 달랐다. 한국에선 날씨나 교통 정보 제공을 위해서라고 했는데, 정작 디지털 라디오 도입국에서는 '시각 브랜딩'이 목적이었다. 채널을 주파수 숫자로 인지하는 것은 불편하고 기억하기 힘든 일인데, 디지털 라디오에서는 채널 로고와 프로그램 제목을 텍스트로 볼 수 있으니, 청취자의 콘텐츠 선택이 쉽고 시각적 브랜드 인식이 강해진다. 브랜딩 시대에 라디오도 발맞출 수 있는 특성인 것이다.

국내 디지털 라디오 도입 논의에서 정부가 중시한 효율성은 '전파 관리 효율성'(디지털 압축 기술로 같은 대역 내에 더 많은 채널을 넣거나, 기존 채널들을 더 좁은 내역에서 소화하고 남는 주파수 대역을 확보하는 것)이었지만, 실제 해외에서 주목하는 효율성은 '송출 시설에 대한 중복 투자 방지', 그리고 친환경 추세에 따른 '에너지 효율'이었다. 아날로그 시대에는 개별 방송사들이 각자 송출 시설을 갖춰야 했지만, DAB는 이들을 '멀티플렉스'라는 송출 플랫폼으로 공동화함으로써 중복 투자를 방지할 수 있다. 이와 더불어 멀티플렉스는 재난 상황에서 재난 정보를 동시 발송하는 데도 유리하다. 또 디지털 송출의 전력 효율성이 아날로그 장비들에 비해 뛰어나기 때문에 에너지 효율을 높이고, 이것은 결국 탄소 중립, 기후 위기 대응으로도 이어지는 것이다.

그러나 내가 호주에서 깨달은 이런 이야기들은 결국 국

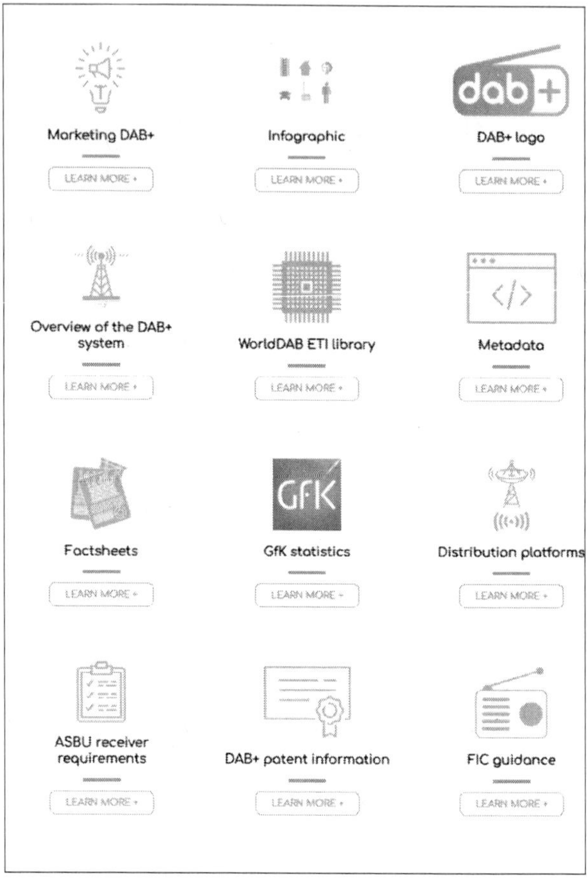

그림 3-7. DAB 디지털 라디오의 글로벌 협의체인 월드DAB(World DAB) 웹사이트의 리소스 페이지

DAB 구축과 운영에 필요한 내용들을 쉽게 찾고 파악할 수 있도록 보여 주고 있다.
이미지 출처: https://www.worlddab.org/resources

내 디지털 라디오 도입의 불씨를 살리는 데 쓰이지 못했다. 디지털 라디오의 본질을 뒤늦게 깨닫고 여러 기고와 세미나를 통해 업계에 공유하기 시작한 2014년, 이미 국내에서 디지털 라디오 논의는 셔터를 내린 상태였다. 그 시절의 한국은 스마트폰이 모든 것을 빨아들이는 시대, OTT의 시대로 접어들어서 지상파 가치를 업그레이드하는 일을 입에 올리는 것이 이미 어색하게 들렸다. 그로부터 10여 년, 한국 라디오 업계는 디지털 라디오도, 통합 플랫폼도 없이 라디오 스튜디오마다 카메라들을 밀어 넣고 유튜브를 찍는 이상한 풍경을 맞이하고 있다.

왜 뒤로 걷는 광고 시스템을 방치하는가

2024년 한 미디어 대행사 실무자가 카카오톡 단체방에 이런 농담을 올렸다. "라디오는 '20초 타임머신.' 구매 방식이 아직도 1980년대에 머물러 있어요." 웃자고 던진 말이지만, 숫자는 웃어 주지 않았다. 한국방송광고진흥공사의 '방송 통신 광고비 조사'에 따르면, 2013년부터 2023년 사이 10년 동안 국내 디지털(온라인+모바일) 광고 매출이 3.6배(2013년 약 2조4602억 원에서 2023년 약 8조8380억 원) 커지는 사이, 국내 라디오 광고 · 협찬 매출은 오히려 역성장했다(2825억 원 → 2601억 원).

물론 청취량 감소도 빼놓을 수 없는 이유겠지만, '라디오 광고의 디지털 전환 실패'라는 원인이 더 구조적인 문제다. 여기서 말하는 '라디오 광고의 디지털 전환'은 '디지털 지상파 라디오 도입'에 동반되는 개념이 아니다. 광고의 디지털 전환은 '광고 거래의 자동화(프로그래머틱 구매, programmatic buying)'와 '지능적 자동 운용', 그리고 이들 과정에서 데이터를 적극 활용해 효율을 높이는 것을 뜻한다. 콘텐츠의 제작 · 배포 · 유통이 모두 디지털로 이뤄진다면 '광고의 디지털 전환'이 더 유리하겠지만, 그 일부만 디지털이라도 디지털 광고로의 개념 전환이 가능하다. 그러나 한국의 라디오 음성 광고는 제작이 디지털 방식인 실시간 방송은 물론, 제작뿐만 아니라 유통까지 모두 디지털 방식인 팟캐스트나 스트리밍 가릴 것 없이 모두 앞선 농담처럼 재래식(정해진 자릿값을 기간별 구좌로 파는)이다. 다른 경쟁 매체들의 광고가 대부분 디지털로 전환한 상황이다 보니 아날로그로 남은 '라디오 음성 광고'는 더 낡고 비효율적으로 보일 수밖에 없는 것이다. 한국의 라디오 광고 시스템을 좀 더 들춰 보면 다음 두 겹의 허들이 드러난다.

첫째, 플랫폼의 부재다. FM 송출은 아날로그 매체이니 잠깐 논외로 하고, 디지털 매체인 지상파 라디오 스트리밍을 먼저 살펴보자. MBC mini, KBS 콩, SBS 고릴라, CBS 레인보우, EBS 반디 등 방송사마다 앱을 따로 깔아야 하는 청취자도 불편하지만, 광고주나 대행사 역시 잘게 쪼개진 광고 상품을 따로따로 알아보고 따로따로 청약해야 하는 번거로운 구조다. 로그인 방식도 제각각이라, 인벤토리를 한데 묶어 거래하는 DSP · SSP(프로그래머틱 광고 플랫폼)의 '입구' 자체가 없다.

반면 온라인 통합 플랫폼을 보유한 국가들은 어떨까? 일본은 모든 라디오 채널이 '라지코(Radiko)' 플랫폼에 얹혀 있어 온라인 유통 인프라를 공유한다. 광고주는 플랫폼 하나만 통과하면 TBS 광고도, MBS 광고도, 도쿄FM 광고도 한 번에 사고팔 수 있다. 온라인 통합 플랫폼을 활용하는 국가들은 지상파 라디오를 넘어 팟캐스트 음성 광고까지 통합 운용하는 방향으로 기술과 광고 생태계를 진화시키고 있다.

라디오 산업은 다수의 작은 매체가 다수의 작은 광고주와 만나야 하는 시장이다. 그래서 영국, 호주, 일본 등 라디오 산업이 진화하고 있는 나라들은 양측이 효과적으로 만날 수 있는 시스템 구축에 공을 들인다. 전문 미디어 플래너를 둘 수 없는 작은 기업들도 어디에 어떤 광고를 해야 효과적일지 쉽게 알 수 있는 미디어 플래닝 플랫폼(웹사이트에서 자신의 업종, 상품, 원하는 타깃 조건을 입력하면 가장 효과적인 광고 대상 프로그램을 추천하고 집행을 도와주는 시스템)을 갖춰 가고 있다. 이렇듯 청취 도구뿐만 아니라 광고 거래에서도 라디오 방송사들이 한데 모여 규모 있는 인프라를 만드는 국가에서는 라디오 광고를 대하는 시장의 인식이 한국과 다를 수밖에 없다.

둘째, 청취자를 정량적으로 파악할 수 없다. TV에는 시청률(닐슨)이 있고 디지털에는 클릭 로그가 있다. 하지만 국내 라디오는 지상파 방송은 물론 이론적으로 디지털 전수 조사가 가능한 스트리밍과 팟캐스트조차 '오늘 몇 명이, 어디서, 얼마나 들었는지' 증명할 통일되고 표준화된 지표가 없다. 공신력을 인정받기 어려운 특정 리서치 회사가 분기별로 시행하는 설문 방식의 청취율 조사는 표본 규모도 작고 공개되지 않는다. 실시간 스트리밍과 팟캐스트는 방송사 각자가 자기 기준에 따라 측정하므로 서로 비교가 어렵다. 광고주가 믿고 예산을 집행할 만한 정량 지표가 없는 것이다. 숫자가 보이지 않으니, 지갑도 쉽게 열기 힘들다. 청취율은 라디오 산업의 경제를 돌리는 산업 화폐다. 공신력 있는 기관(라자르)이 세밀하게 측정하는 영국의 청취율이 안정적 가치를 가진 달러화라면, 한국의 청취율은 언제 폭락할지 모르는 후진국 화폐에 비유될지도 모른다.

마지막으로, 해외의 라디오 광고 디지털 전환 사례 몇 가지를 소개한다.

① 일본의 온라인 라디오 통합 플랫폼 라지코: 종합 광고 대행사 덴츠와 손잡고 서버 사이드 삽입 본격화. 지상파 라디오 전체 매출의 10% 가까이를 디지털에서 달성.
② 호주: 전국 260개 방송국이 '리스너(LiSTNR)' 앱에 모여 호주 상업 라디오 협회 CRA의 '라디오 매트릭스(RadioMATRIX)'와 연결. 디지털 오디오 매출이 전년 대비 30% 이상 상승.
③ 미국: 타사 채널도 수급하는 민영 통합 플랫폼 아이하트(iHeart), 오더시(Audacy), 시리우스엑스엠미디어(SiriusXM Media)가 사실상 '라디오판 구글'처럼 기능, 라디오 · 팟캐스트 · 스트리밍의 디지털 음성 광고 시장 규모 20억 달러 이상으로 성장.
④ 일본 도쿄 FM: 2024년 디지털 오디오 광고 플랫폼 '애즈위즈(Adswizz)'를 도입해 월간 2900만 건의 프로그래머틱(programmatic) 거래를 처리 중.

⑤ 영국 글로벌 미디어(Global Media): 2014년 오디오 전용 DSP 'DAX' 출시. 몇 해 만에 상업 라디오 매출의 1/4이 디지털에서 나오는 구조로 변화.

위 사례들의 공통점은 '통합 플랫폼 → 기술 스택 → 공인된 측정'의 세 가지를 순서대로 세운 것이다. 라디오 광고의 추락을 멈추기 위해 한국이 해야 하는 일은 이미 나와 있다. 라디오 업계가 손잡고 통합 플랫폼을 구축하는 일과 공신력 있는 청취율 측정 기관을 만들어 믿을 만한 산업 화폐를 만드는 일을 동시에 진행해야 한다. 한국은 기술을 몰라서가 아니라, 생태계가 갈라져 있어 광고가 줄고 있다. 라디오가 다시 광고주의 레이더에 들어서려면, 주파수 경쟁이 아니라 단단하고 규모 있는 청취 · 데이터 · 수익화 인프라를 만들어 시장에 인식시켜야 한다.

왜 모두가 어려우면서도 연대하지 못할까

라디오 방송사들은 영세하다. 영미권에는 전국적으로 수십, 수백 개 스테이션을 거느린 거대 라디오 기업도 있지만, 그들 역시 TV 네트워크 등 경쟁 미디어와 비교하면 덩치에서 밀린다. 그래서 라디오 산업은 산업 협회(industry body) 같은 구심점을 통해 공통 과제를 해결하는 전통이 자리 잡았다. 미국이나 영국 같은 큰 나라도, 동남아의 개발 도상국들도 대부분 라디오 협회를 갖고 있는 이유다. 자국을 넘어 해외까지 강력한 산업 리더십을 보여 온 라디오 강국 호주의 CRA(Commercial Radio & Audio), 영국의 라디오센터(Radiocentre)가 대표적이고, 미국과 일본은 TV와 라디오를 아우르는 방송 협회(미국의 NAB, 일본의 일본민간방송연맹)를 통해 라디오 이슈를 활발하게 다루고 있으며, 라디오의 사회적 가치를 중시하는 유럽 국가들은 국가별 라디오 협회뿐만 아니라 유럽방송연맹(European Broadcasting Union, EBU)을 통해 라디오 관련 이슈의 협상력을 키워 왔다. 이들 협회의 주요 역할은 다음과 같다.

- 국가의 라디오 정책 대응
- 라디오의 가치를 환기시키고 긍정적 이미지를 유지하도록 하는 매체 브랜딩과 마케팅
- 디지털 라디오 도입과 통합 플랫폼 구축 운영 등 매체 플랫폼 강화
- 자동차 등 거대 유관 산업에 대한 제휴, 협상, 글로벌

공조

- 라디오 광고 비즈니스 생태계 활성화

한편 한국은 라디오 별도의 산업 협회는 없고, 한국방송협회 산하에 느슨한 회의체 정도를 운영할 뿐이라 사실상 해외 라디오 산업 협회 수준의 적극적 역할을 할 수 있는 조직이 없다. 앞서 살펴본 바와 같이 한국 라디오는 비슷한 경제 규모, 인구 규모의 나라들에 비해 유독 라디오 산업에 구조적 빈틈과 약점이 많다. 그럼에도 불구하고 공통의 어려움을 힘 모아 극복해 본 역사와 경험이 별로 없다. 각 사 라디오는 한국 라디오 산업의 구조적 어려움을 근본적으로 해결하는 것보다 라디오 밖에서는 별 울림도 없는 분기 청취율 조사를 두고 경쟁하는 데 관심이 크다. 왜 그럴까? 왜 이렇게 되었을까?

영세한 라디오 단독사, 투자에서 소외된 겸영사 라디오국

이 문제는 처해 있는 환경이 크게 다른 라디오 단독사와 TV-라디오 겸영사로 나눠서 봐야 한다. 국내 라디오 단독사들은 주로 종교 재단이나 공공 기관 소속이다. CBS(기독교), PBC(천주교), BBS(불교), FEBC(극동, 보수 기독교), WBS(원불교), TBS(서울시), TBN(경찰청 산하 한국도로공사), KFN(국방부) 등이 대표적이다. 종교 방송 다수는 케이블 TV를 갖고 있지만, 라디오 비중이 더 크기 때문에 라디오 단독사로 분류한다. 또 뉴스 케이블 TV의 자회사인 'YTN 라디오', 지역 지상파 계열사인 'OBS 라디오'도 라디오가 독립 법인으로 되어 있어서 라디오 단독사로 분류한다. 국악 전문 방송인 '국악 FM'도 있다. 이들 라디오 단독사는 소속 재단이나 공공 기관의 재원, 취약 매체를 위한 광고 연계 판매에 의존하다 보니 현상 유지 이상의 투자에 매우 소극적이다. 방송 유지에 투입하는 자원도 물가 상승률을 따라가기 어려운데, 기술과 시대 변화에 맞춰 가는 일은 공적 재원이 아니면 하지 않는다는 태도를 보여 왔다.

TV-라디오 겸영사 역시 라디오 부분의 영세성은 크게 다르지 않다. 같은 법인 내에 TV와 라디오 부문이 공존하는 KBS, MBC, SBS, EBS 모두 정도의 차이는 있을지언정 회사의 투자 여력과 라디오에 대한 투자 여력은 비례하지 않는다. 회사의 조직 체계는 TV를 중심으로 편제되어 있어서 마케팅, 사업, 경영 전략 부서가 있다고 해도 그 앞에 '(TV 보도)'와 '(TV 제작)'이 생략된 게 아닌가 싶을 만큼 라디오를 마케팅하거나 라디오의 전략을 짜거나 라디오 사업을 하는 경우는 드물다. 그러면 라디오의 마케팅과 전략과 사업은 누가 할까? 놀랍게도 콘텐츠 제작 부서인 라디오국 내에서 프로그램을 만들던 라디오 PD들이 알아서(스스로 또는 지원 부서의 조력을 받아) 하거나, 자회사가 한다. TV-라디오 겸영사의 라디오 부문은 회사 내에서 마치 섬처럼 기능한다고 봐도 과언이 아니다. 프로그램 연출과 기획이 전문인 부서에서 전문성이 취약한 분야까지 하려다 보니 그 결과물에서 대기업의 품질이 나오기 어렵다. 경영진이나 다른 부서에서 가끔 라디오에 관여할 경우, TV 업무를 크기만 줄여서 접근하다 보니 라디오의 차별적 특성을 반영하지 못하는 일도 빈번하다. 라디오는 원래 공익적 기능이 강하고, 프로그램의 인지도가 쌓이는 시간도 길기 때문에 그 실적이 임팩트 있는 수치로 빠르게 드러나지 않는다. 그래서 덩치 큰 겸영사 역시 라디오에 대한 투자에 인색할 수밖에 없다. 부잣집에서 태어났지만 입성이 변변치 않은, 그런 자식 같은 존재, 큰 기대가 없으니 굳이 돈 들여 상급 학교 진학을 시켜야 하나, 다른 모든 가족도 암묵적으로 그렇게 동의하고 있는 안타까운 존재가 겸영사 라디오 부문이다. 이런 구조와 분위기에서는 라디오에 관한 중요한 의사 결정이 라디오 중심으로 이뤄

지지 않는다. 대의를 위해 소의를 희생하는 의사 결정, 아예 소의를 이해하지 못하거나 관심 없는 아버지의 의사 결정이 있을 뿐이다.

공적 재원 없이 스스로 구심점을 만들 수 없는 한국 라디오

결국 라디오 단독사는 현상 유지 외에는 돈을 쓰지 못하는 구조라, TV-라디오 겸영사는 라디오 중심의 의사 결정을 할 수 없어서 새로운 일을 벌이기 어렵다. 라디오 산업이 여전히 단단한 나라들은 모두 예외 없이 라디오 산업의 구심점(산업 협회든 통합 플랫폼이든)을 '스스로' 마련해서 위기를 타개하고 있지만, 한국 라디오는 그런 구심점을 다질 재원도, 의사 결정권도 없다.

라디오 산업 협회와 통합 플랫폼을 구축한 국가들 대부분에서는 방송사들이 적은 금액이라도 출자해 주주로 참여한다. 어려운 방송사도 최소한의 자원은 투입해야 그들의 의지를 보고 외부 투자도 들어간다. 하지만 국내에서는 비교적 넉넉해 보이는 겸영사들조차 라디오 산업 공통 과제를 해결하기 위해 직원 한 사람의 연봉조차 내어 주길 꺼린다. 정부 재원, 공공 재원만 바라보면서 시간만 흘려

보내는 안타까운 상황이 길어지고 있다.

혹자는 방송 협회라는 구심점이 있지 않은가 반문할 수 있다. 방송 협회는 라디오와 TV를 모두 아우르는 지상파 방송사들의 산업 협회지만, 냉정하게 말해서 의사 결정의 최우선 기준은 TV 매체의 이익이다. 이 사실은 TV와 라디오의 이해가 엇갈리는 사안에서 선명하게 드러난다. 방송 협회 내에 라디오 정책 협의회(TV-라디오 겸영 4사와 CBS)와 라디오 방송사 협의회(라디오 단독사들과 CBS) 2개의 라디오 정책 모임이 있지만 이들은 구속력 없는 간담회 수준을 넘기 힘들다. 경영진 수준의 의사 결정을 끌어내거나, 본격적으로 예산을 투입해 힘 있게 프로젝트를 추진하기는 어렵다. 결국 변화를 만드는 실질적 행동, 철저하게 라디오 중심의 의사 결정을 하려면 라디오 협회 설립이 최선이다. 많은 나라에서 '방송 협회'가 아닌 '라디오 협회'를 꾸리는 이유다.

04

라디오를 재정의하는 테크놀로지

콘텐츠가 왕이라면, 플랫폼은 왕국이다. 이처럼 콘텐츠와 플랫폼은 미디어를 띄우는 양 날개다. 그러나 미디어가 산업적 관점에서 진화하려면 기술 진보라는 배경이 필요하다. 미디어는 다분히 사회적이고 문화적인 측면이 강한 개념이지만, 산업적 관점에서 미디어의 장기적 변화를 추동하는 것은 결국 기술이다.

미디어에서 가장 중요한 요소가 무엇일까? 블록버스터급 콘텐츠가 미치는 엄청난 사회 · 경제 · 문화적 파장을 보면 '콘텐츠가 왕'이라고들 한다. 그러나 왕이 제대로 통치하려면 왕이 안정적으로 머물고 영향력을 행사할 수 있는 기반이 중요하다며 '콘텐츠가 왕이라면, 플랫폼은 왕국(Content is king, platform is the kingdom)'이라는 말로 플랫폼의 중요성을 강조하는 목소리도 있다. 이 비유처럼 콘텐츠와 플랫폼은 미디어를 띄우는 양 날개다. 그러나 미디어가 산업적 관점에서 진화하려면 기술 진보라는 배경이 필요하다. 미디어는 다분히 사회적이고 문화적인 측면이 강한 개념이지만, 산업적 관점에서 미디어의 장기적 변화를 추동하는 것은 결국 기술이다.

문자와 글이라는 추상적 콘텐츠 체계의 발명은 인류의 거대한 진보였지만, 텍스트 미디어가 엄청난 파급력을 가지며 문명을 도약시켰던 것은 단시간에 많은 책을 찍어 배포할 수 있는 근대 인쇄술이 나온 이후였다. 또 19세기 말부터 20세기 초까지 당시 최첨단 기술이었던 전파 · 통신 · 전자 공학이 어우러져 탄생한 라디오는 소리를 실시간으로 광범위하게 전달하는 혁명적 미디어였다. 라디오로 시작된 방송 미디어는 이후 영상을 담아내는 TV로 이어져 거대 방송 산업을 구축한다. 이후 등장한 인터넷과

정보 통신 기술은 미디어 이용의 시간적 · 공간적 제약을 해체하고 개인화를 강화해 주었다.

이제 100년을 훌쩍 넘긴 올드 미디어 라디오가 천지개벽한 기술 환경에서 예전 모습으로 살아남는 것은 가능하지도 바람직하지도 않다. 변화된 환경에서 보존할 것과 바꿀 것을 찾아내어 스스로를 재정의하는 것이 위기 극복의 출발점이다. 이 장에서는 라디오 매체에 영향을 주고 있는 기술들을 라디오 관점에서 뜯어본다.

커넥티드 카와 SDV[9]로 변신 중인 자동차

라디오를 가장 많이 듣는 장소는 자동차다. 적어도 국내에서는 '라디오 청취 장소'를 묻는 설문 조사에서 압도적

---

9) '소프트웨어가 정의하는 지동차(Software Defined Vehicle)'라는 뜻. 자동차의 많은 기능을 하드웨어가 아니라 소프트웨어로 구현하고 제어하는 개념. 스마트폰이 운영 체제 업데이트로 새 기능을 얻는 것처럼, 자동차도 출시 뒤에 무선 업데이트(Over The Air, OTA)를 통해 주행 보조 기능이나 인포테인먼트 서비스를 개선할 수 있다. 소프트웨어 업데이트로 주차 보조 기능을 추가하거나 배터리 효율을 개선하는 테슬라가 대표적이다.

비율(70% 이상)로 자동차를 꼽는다. 한국 운전자들이 라디오를 유난히 사랑해서 그렇다기보다는, 가정과 사무실, 이동 중 스마트폰 청취 등 나머지 청취 환경에서는 라디오를 듣기가 불편하기 때문이다. 또 자동차는 안전 규제라는 해자가 라디오 외 미디어의 진입을 어느 정도 제한하고 있다. 그러나 이제 신차 대부분이 인터넷에 상시 접속된 커넥티드 카(connected car)가 되면서 온라인 미디어에 대한 해자가 사라지고 있으며, 전방 주시 의무가 없는 조수석과 뒷좌석은 물론 운전석까지도 정차 시간과 전기차 충전 대기 시간을 겨냥해 영상 매체가 들어오고 있다. 커넥티드 카와 관련 기술의 영향은 단순히 라디오 외 매체에 대한 진입 장벽 해체에만 머무르지 않는다. 좀 더 근본적인 부분을 살펴보자.

커넥티드 카? 데이터 유심을 내장한 바퀴 달린 스마트폰!

커넥티드 카(connected car)의 'connected'는 인터넷이 연결되어 있다는 것을 뜻한다. 마치 스마트폰처럼 LTE나 5G 등 셀룰러 데이터망을 통해 인터넷에 접속하는 자동차를 말한다. 실제로 국내에서 운행 중인 커넥티드 카들은

'012' 국번으로 시작하는 사물 인터넷(IoT · M2M)용 전화 번호를 가지고 있고, 운행 중일 때 대시보드 화면을 보면 스마트폰 화면 구석에서 봤던 아이콘들(LTE/5G 네트워크 종류, 수신 상태를 나타내는 안테나 표시)이 표시된다. 커넥티드 카는 공장에서 출고될 때 4G/5G 모뎀과 eSIM/USIM을 내장해서 나오고, 스마트폰처럼 고유 단말기 식별 번호(IMEI)를 갖고 있다. 그래서 지난 2025년 4월 SKT의 유심 정보 유출 사태가 났을 때, 개인 스마트폰뿐만 아니라 커넥티드 카에도 영향을 미치는 것 아니냐는 우려가 제기되기도 했다(물론 커넥티드 카는 유심을 다른 단말기에 꽂아 쓸 수 있는 스마트폰과 달리 유심과 자동차가 일대일로 묶여 있고, 완성차 회사라는 법인이 계약자이기 때문에 개인 정보 유출 사고로까지 이어지지는 않는다고 한다).

인터넷을 쓰니까 당연히 요금도 있다. 자동차 회사들이 출고 후 일정 기간은 요금을 대신 내주다 보니 요금이 있는지 모르는 운전자들이 많을 뿐이다. 국내의 경우 보통 출고 후 5년은 무료, 이후 연간 약정 시 5~6만 원 정도의 구독료가 책정된다. 초고음질 음악 서비스나 동영상 스트리밍처럼 데이터 사용량이 많은 미디어를 쓰는 경우 추가 요금이 발생한다. 이렇게 여러 측면에서 커넥티드 카는

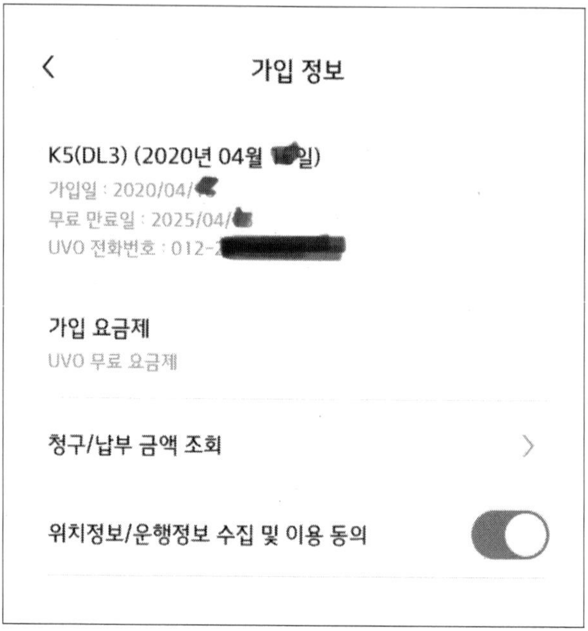

그림 4-1. 2020년 4월에 구매한 필자의 기아 K5 DL3 모델의 커넥티드 카 가입 정보
아이폰의 기아차 앱 화면 스크린 캡처. '012' 국번의 사물 인터넷 번호가 보인다.

가히 '바퀴 달린 스마트폰'이라 할 만큼 스마트폰과 유사하다. 스마트폰이 영상과 소리로 결과물을 내놓는다면, 커넥티드 카는 인포테인먼트뿐만 아니라 원격 시동과 편의 장치 제어 등 일부 기계적 작동에까지 인터넷이 영향을 미친다는 점이 다를 뿐이다.

국내 커넥티드 카 보급 현황을 보여 주는 가장 최근 자료에 따르면, 2023년 말 기준으로 국내에서 운행 중인 커넥티드 카는 약 825만4000대, 전체 등록 차량의 31.8%에 도달한 것으로 추정된다. 이 책을 쓰고 있는 2025년에 출고되고 있는 신차들은 일부 예외적인 경우를 제외하면 모두 커넥티드 카라고 보면 된다. 이미 5~6년 전부터 승용차는 최하 트림이 아니라면 커넥티드 카로 출고되고 있었다고 봐도 무방하다. 내 차가 원격으로 시동이 걸리고, 차 문이 열렸을 때 내게 알려 준다면 커넥티드 카다. 인터넷에 연결되지 않으면 불가능한 기능이기 때문이다. 그럼, 지금부터는 자동차가 굴러다니는 초대형 스마트폰으로 바뀐 것이 라디오에 어떤 영향을 미칠지 짚어 보자.

커넥티드 카의 터치스크린 UI: 라디오 하드웨어의 증발

현재 국내 청취자들이 라디오를 들을 때 이용하는 수신기는 크게 세 가지다. 첫째 자동차 라디오, 둘째 가정과 사무실에 놓고 쓰는 FM 라디오, 셋째 개인이 휴대하는 스마트폰(라디오 앱 스트리밍을 통한 청취). 영국 등 서구권에서 해당 보기에 반드시 포함되는 스마트 스피커와 DTV는 국내에서 이용이 미미하거나 불가하므로 제외했다. 이들 디바이스는 모두 라디오 채널을 재생해 주지만, 방송파를 수신하는 것도 있고 인터넷망에 접속해 스트리밍을 받는 것도 있다. 그런데 이런 분류는 사실 청취자로서는 굳이 알 필요가 없다. 내게 들리는 소리가 방송망으로 오든 인터넷망으로 오든 기계 내에서 눈에 보이지 않는 방식으로 이뤄지는 것이기 때문이다. 정작 청취자 관점에서 중요한 분류 기준은 내가 디바이스를 조작하는 방식, 즉 사용자 인터페이스(User Interface, UI)나 이 인터페이스 상황에서의 사용자 경험(User eXperience, UX)이다. 이 기준에 따르면 기존 FM 라디오는 '물리 버튼 중심의 UI/UX', 스마트폰은 '커넥티드 터치스크린 UI(connected touch screen User Interface, 인터넷망에 접속된 상태의 터치스크린)'와 그에 따른 사용자 경험이다. 또 국내에서 가장 많이 이용되는 라디오 디바이스인 자동차 라디오는 대시보드에서 물리 버튼 수가 줄어들고 터치스크린 비중이 커지는 추세에 따라 물리 버튼 중심 UI에서 커넥티드 터치스크린 UI로 급속하게 이동하고 있다.

흔히 쓰지만 뜻을 말해 보라면 쉽게 답하기 어려운 단어들이 있다. 사용자 인터페이스도 그런 용어 중 하나다.

그림 4-2. 2020년형 K5 DL3 모델의 카 인포테인먼트 시스템(현대기아차 5세대 표준형 인포테인먼트 시스템, 2025년 5월 업데이트 버전)에서 라디오 기능을 켠 화면

터치스크린에 라디오 채널들이 로고 이미지로 표시되고, 현재 방송 중인 프로그램의 제목과 로고 이미지가 표시된다. 이 모델만 해도 우측에 라디오 물리 버튼이 있지만, 이로부터 3년 뒤에 나온 현대기아차의 신차들에서는 터치스크린 바깥의 별도 라디오 버튼이 사라지기 시작한다(필자 촬영 이미지).

미디어 분야에서는 이를 어떤 뜻으로 쓰는지 구글 제미나이(Gemini)에게 설명해 달라고 했더니 이렇게 요약했다.

"미디어를 이용하는 사용자와 미디어 콘텐츠 또는 플랫폼 사이의 상호 작용을 가능하게 하는 모든 요소."

사전적 정의로서는 정확하지만, 이렇게 설명하면 여전히 고개를 갸웃하는 사람이 많다. 필자는 그런 사람들에게 사용자 인터페이스를 '사람과 기계의 대화법'이라고 설명한다. 사람이 기계에 원하는 바를 전달하고, 기계가 처리한 일의 결과를 사람이 이해할 수 있게 보여 주는 것, 이렇게 주고받는 대화가 곧 사용자 인터페이스라고 해도 크게 틀린 말은 아니다. 청취자가 FM 수신기라는 기계와 소통하던 방식을 예로 들면, 청취자는 버튼을 누르거나 다이얼을 돌려서 자기가 원하는 바(전원을 켜고, 채널을 맞추고, 소리를 키우는)를 기계에 전달했다. 청취자의 지시를 기계가 제대로 실행했는지는 실행 결과물(라디오에서 나오는 방송 소리)을 듣고 판단할 수도 있고, 눈에 보이는 신호(전원 램프가 켜진다든지, 주파수나 볼륨 다이얼의 바늘이 원하는 숫자를 가리키거나, 주파수가 숫자로 작은 디스플레이 창에 뜨는 것 등)로도 확인할 수 있다. 이것이 독립적 장치로 존재하는 라디오와 사용자의 대화법, 유저 인터페이스다. 가내 FM 수신기는 물론, 교체할 수 있는 구조로 자동차에 탑재된 라디오 역시 이런 사용자 인터페이스를 갖고 있었다. 한편, 커넥티드 터치스크린 방식 라디오 장치와 대화하는 것은 기존 라디오 수신기를 쓸 때와는 근본적 차이가 있다. 스마트폰과 대화면 카 인포테인먼트 시스템이 커넥티드 터치스크린 기반 라디오의 대표적인 예인데, 이들 기계에서 라디오는 물리적 실체를 가진 기계가 아닌 무형의 이미지(아이콘)로 사용자와 만난다. 라디오 수신기 자체, 채널, 기타 라디오를 조작하는 버튼 모두 물성 없이 화면에서 나타났다가 사라졌다가 하는 이미지일 뿐이다. 물리 버튼 UI 기반 라디오가 손에 잡히는 실체를 가진 하드웨어였다면, 커넥티드 터치스크린 UI 기반 라디오는 하드웨어가 증발해 버리고 소프트웨어만 남은 형태다. 터치스크린 기반 카 인포테인먼트의 FM 라디오도 기존 자동차 라디오와 같이 FM 수신 모듈과 안테나 등 라디오 부품을 내장하고 있지만, 그 UI에서는 애플리케이션 형태로 라디오를 조작하기 때문에 이용자로서는 "하드웨어가 증발했다"라고 말할 수 있다. 이렇게 라디오 디바이스에서 하드웨어가 증발하고 소프트웨어만 남는 현상은 어떤 결과로 이어질까?

애플리케이션이 된 라디오의 위기: 접근성 약화, 기득권 상실

하드웨어는 물리적 공간에 터를 잡고 있어서 켜져 있든 꺼져 있든 눈에 띄고 손으로 만져진다. 터줏대감처럼 자리를 차지하고 있어서 경쟁자들이 새로 들어오기 힘들다. 반면 소프트웨어는 필요할 때만 호출되어 쓰이고 그 자리

그림 4-3. 기아자동차의 2023년형 EV9 대시보드
운전석부터 조수석까지 넓은 일체형 터치스크린이 설치된 대신 아래쪽 물리 버튼 부분에서는 라디오 버튼이 삭제되었다. 2025년 8월 현재 현대기아차의 대부분 차종의 대시보드에서는 'Radio'라고 표기된 물리 버튼이 사라졌다(한편 운전자 연령대가 상대적으로 높은 제네시스 브랜드에서는 유지되고 있다).

도 왔다 갔다 하는 불안한 지위다. 눈앞에서 사라지면 마음에서도 사라진다던가? 며칠 안 쓰다 보면 기억에서 멀어질 가능성도 있다. 또 제한된 자리를 두고 무한히 많은 경쟁자가 진입할 수 있어 경쟁이 극대화된다. 스마트폰 속 라디오 앱의 지위가 이를 확실하게 보여 준다. 하지만 원래가 다용도 디바이스인 스마트폰과 달리, 라디오의 독무대였던 자동차에서 벌어지고 있는 변화는 훨씬 더 큰 상실감을 느끼게 한다. 카 인포테인먼트 시스템의 터치스크린이 점점 넓어지는 만큼 물리 버튼들은 최소화되고 있으며, 2023년부터는 드디어 라디오 버튼을 없앤 차종들도 등장하고 있다.

당시 새로 출시된 기아차의 전기 SUV EV9, 현대차의 신형 그랜저가 라디오 버튼이 제거된 채 나왔는데, 이를 발견한 라디오 방송사 관계자들이 현대기아차 인포테인먼트 부서에 문의하면서 라디오 UI에 큰 변화가 생기고 있다는 점을 인지하게 됐다. 모든 차가 인터넷이 연결된 커넥티드 카로 전환되고 있으니, 자동차가 라디오만 고집할 이유가 줄어들었고, 운전자들이 다양한 오디오 미디어를 평등한 접근성으로 쓸 수 있게 해야 한다는 것이 현대기아차의 생각이었다. 이런 방향으로 인포테인먼트가 구성되면, 라디오의 우월적 지위가 손상되는 것을 넘어 다른 미디어보다 찾기 어려워지는 경우도 발생한다. 일례로 현재 많은 완성차 브랜드가 채택하고 있는 구글 오토모티브(Google Automotive) 기반의 인포테인먼트 시스템에서는 음악 서비스가 라디오보다 더 상위 단계에 노출되는 경우가 적지 않다. 국내 볼보 차량에 내장되는 티맵모빌리티에서 SKT의 음악 서비스 플로(FLO)가 가장 상위 레이어에 노출되는 것이 대표적 사례다. 라디오 물리 버튼이 없어지는 것은 라디오의 최대 강점인 간편성에 치명적인

UI다. 실제로 요즘 중장년 운전자들이 신차를 구입해 운행할 때 라디오 버튼을 찾지 못해 라디오를 켜지 못하는 사례가 관찰되고 있다.

카 인포테인먼트 시스템이 어떻게 변하고 있는지 라디오 관점에서 분석한 "큐 인비히클 비주얼 리포트(Quu's In-Vehicle Visuals Report) 2025"[10]에 따르면, 라디오 물리 버튼('Radio'라고 표시된 플라스틱 버튼)이 독립적으로 달린 비율은 26%까지 떨어졌다. 이 보고서의 관련 내용을 종합해 보면 이런 뜻이 된다. "라디오는 여전히 모든 차에 기본 탑재되고 있지만, 찾기가 힘들다!"

라디오가 자동차에서 가졌던 우월적 지위가 손상되고 있다는 것은 이 보고서의 '오디오포워드(audio-forward)' 추세(74%)에서도 드러난다. 'audio-forward'란 차량 시동을 걸 때 가장 최근(마지막)에 시동을 끌 때 사용했던 오디오 소스가 자동으로 재생되도록 하는 UI 개념인데, 이전

---

10) 미국에서 가장 많이 팔리고 있는 신차 100개 모델의 인포테인먼트 시스템을 라디오 관점에서 분석한 보고서. 자동차에 내장된 라디오 플랫폼, 시각 메타데이터 표시 기능 여부, 라디오 물리 버튼의 존재 여부, 경쟁 미디어 등을 조사하여 발표한다. 비록 미국 시장의 데이터를 기반으로 하고 있지만 대부분의 인사이트는 한국에도 동일하게 적용할 수 있다.

에는 차에 시동을 걸면 별도의 조작 없이 라디오부터 재생되거나[라디오포워드(radio-forward)], 혹은 다른 방식으로 초기화되는 경우가 많았지만, 이제는 운전자가 마지막으로 선택한 오디오 소스(라디오, 스트리밍 서비스, 팟캐스트, 블루투스 등)가 우선 실행되는 '오디오포워드' 세팅의 자동차가 조사 대상의 3/4에 해당하는 74%라는 것이다. 라디오 입장에서는 차량 시동 시 기본 지정 미디어였던 과거와 달리 '마지막으로 사용된 오디오 소스(last touch)'가 되어야 다음 시동 시에 자동으로 실행되는 것이다. 이와 관련하여 이번 보고서 작성에 참여한 전문가들이 강조한 점들을 덧붙인다.

① "이제 자동차에서도 라디오 방송사 채널 간 경쟁은 무의미하다. 인터넷으로 접속 가능한 모든 미디어가 앱의 형태로 늘어서서 운전자의 선택을 기다리는 상황에서 라디오 채널 간의 경쟁은 그 수많은 앱 간 경쟁의 하위 단계 경쟁이기 때문이다."
–프레드 제이콥스(Fred Jacobs, 라디오와 오디오 미디어 전문지 ≪제이콥스 미디어≫ 대표)
② "커넥티드 카에서는 운전자와 탑승자의 미디어 소비 행태가 정확하게 측정되고, 그 데이터는 실시간으로 집계

할 수 있다. 여기에 위치 정보까지 결합하면 즉각적인 소비까지 유도할 수 있기에 광고 산업 관점에서 큰 잠재력이 있다."

–조 댄젤로(Joe D'Angelo, Xperi 수석 부사장)

③ "결국 빅테크, 스트리밍 서비스, 위성 라디오 등 경쟁 매체들이 자리싸움을 시작한 커넥티드 카에서 라디오의 자리를 지키기 위해서는 개별 방송사가 아닌 라디오 업계의 단합된 행동이 필요하다."

–스티브 뉴베리(Steve Newberry, Quu 대표)

한편 해외의 주요 라디오 협회들은 커넥티드 카에서 라디오 접근성을 보장하기 위한 공조를 시작했다. 유럽 방송 연맹(EBU)는 유럽 라디오 업계가 커넥티드 카 기술에 효과적으로 대응할 수 있도록 전략과 원칙을 제시하고 이를 캠페인으로 확대해 왔는데, 2022년 10월에 발간된 "라디오 버튼은 어디로 갔나?(Where did the radio button go?)" 문서에서는 커넥티드 카 시대에도 라디오의 핵심 비교 우위와 소비자 편익을 지키기 위한 원칙을 다음과 같이 네 가지로 제시하고 있다.

① 라디오는 반드시 쉽고 직관적으로 사용할 수 있어야 한

다(radio must remain easy to use): 라디오는 한 번의 버튼 조작이나 음성 명령으로 바로 시작할 수 있어야 하며, 사용자는 복잡한 선택 없이 즉시 접근할 수 있어야 한다.
② 라디오는 '절대 놓칠 수 없는' 위치에 있어야 한다(radio should not just be easy to find, it should be impossible to miss): 라디오가 앱 목록 속에 묻히거나 여러 단계를 거쳐야 하는 것이 아니라, 예전의 물리적 라디오 버튼처럼 첫 화면(최상위 단계)에 명확하게 존재해야 하며, 운전자가 절대로 간과할 수 없는 위치에 배치되어야 한다.
③ 라디오는 집중적이고 개인화된 경험을 제공해야 한다(radio in the car should be focused and personalized): 사용자의 청취 이력을 바탕으로 콘텐츠를 추천할 수 있지만, 데이터 수집과 활용은 반드시 투명해야 한다.
④ 라디오는 하나의 패키지로 제공되어야 한다(radio comes as a package): 공영 방송, 민영 방송, 지역 방송 등 모든 라디오 채널이 한 곳에서 쉽게 찾아질 수 있어야 하며, 포맷이나 사업자에 따라 단절되지 않아야 한다.

위 원칙의 배경에는 라디오의 핵심 편익을 즉시(immediate), 실시간(live), 재난 시에도 끊기지 않는 견고한 안정성(robust in times of crisis)으로 바라보는 전제가 깔려 있다. 이 전제들은 안전을 위해 주의 분산을 최소화해야 하는 자동차에서 특히 더 강조될 수밖에 없지만, 사실 자동차 밖에서도 중요한 원칙이다. 이 원칙이 나온 2022년 가을엔 아직 신차에서 라디오 물리 버튼이 본격적으로 제거되기 전이었지만, 유럽 방송 연맹(EBU)은 이미 완성차 업체들의 전략을 간파하고 통찰력 깊은 구체적 원칙을 제시한 셈이다. 유럽 방송 연맹은 커넥티드 카의 기술 변화를 주시하면서 좀 더 구체적인 분석과 대응안을 발전시켜 커넥티드 카 플레이북(Connected Car Playbook) 등으로 체계화하고, 2025년 6월에는 유럽 외 지역의 라디오 협회, 라디오 대기업뿐만 아니라 글로벌 완성차 OEM과 자동차 부품 기업들까지 모아서 라디오 레디 선언(Radio Ready Initiative)을 채택했다. 이는 커넥티드 카에서의 라디오 접근성을 지키기 위한 국제 공동 비전이다.

호주 상업 라디오 협회 CRA는 여기서 한발 더 나아가 자동차와 스마트 스피커에서의 라디오 접근성 보장을 법제화할 것을 호주 정부에 요청했다(2025년 8월).[11]

---

11) Lee, N.(2025.8.25). Radio fights back: CRA calls for laws to stop Aussie stations being buried in EVs and other connected cars, *Mediaweek*.

CRA는 호주 스마트 TV에서 지상파 TV 수신 모듈 내장을 의무화한 사례를 근거로 이를 추진 중이다. 호주는 라디오 산업이 여전히 성장 중인 라디오 강국임에도 불구하고, CRA는 이 위기의 심각성과 시급성을 강조하면서 정부를 압박하고 있다.

해외 라디오 업계의 이런 활발한 움직임과는 대조적으로, 부끄럽게도 국내 라디오 업계는 실제로 라디오 물리 버튼이 제거된 신차가 나오고 나서야 카 인포테인먼트 변화가 라디오에 몰고 올 불이익을 파악했다. 이 일이 있고 난 뒤 두 해가 지난 현재까지도 국내에서는 업계 차원의 대응이나 원칙을 마련하지 못하고 있다.

애플리케이션이 된 라디오의 기회: 스마트 매체로의 진화

디바이스(청취 도구)가 소프트웨어(애플리케이션)로 바뀌는 것은 양면성이 있다. 접근성에서의 기득권 상실이 암(暗)이라면, 유연성은 명(明)이다. 재래식 FM 라디오 하

---

https://www.mediaweek.com.au/radio-fights-back-cra-calls-for-laws-to-stop-aussie-stations-being-buried-in-cars/

그림 4-4. 현대기아차가 2023년 9월 말 실시한 무선 업데이트(Over The Air, OTA)로 새롭게 바뀐 2020년형 K5 DL3 모델의 라디오 화면(필자 촬영)

드웨어의 한계에 갇혀서 가능하지 않던 일들이 소프트웨어가 된 라디오에서 가능하다는 것을 보여 준 사례가 바로 현대기아차 커넥티드 카 인포테인먼트에 구현되고 있는 라디오(그림 4-4)다.

현대기아차 측은 그저 '라디오 기능 개선'으로 표현하고 있지만, 사실 이는 기존 카 라디오의 개선을 넘어 전혀 다른 라디오 개념, '스마트 하이브리드 라디오'로의 진화에 해당한다. 인터넷이 연결된 스마트 TV와 기존 일반 TV가 다르듯, 현대기아차 커넥티드 카의 라디오는 기존 현대기아차 FM 라디오와는 완전히 다른 기기로 봐야 한다.

2020년 4월 필자가 그림 4-4의 차량을 구매했을 당시에는 라디오 조작 화면이 위와 달랐다. 기존 FM 수신기 하드웨어를 그대로 그림으로 옮겨 오는, '현실의 복제'에 치중했었다. 채널은 주파수 숫자로 표현됐고, 심지어 고전 라디오처럼 진공관 모양을 띄워 놓았다. 그런데 구매 3년이 넘은 시점에 소프트웨어 업데이트를 통해 바뀐 라디오는 모양뿐만 아니라 UI와 기능에도 다음과 같은 변화가 생겼다.

① 채널과 프로그램의 메타데이터 표시

각 채널이 주파수뿐만 아니라 브랜드명과 로고 이미지로도 표시된다. 현재 나오고 있는 프로그램이 어떤 것인지 알 수 있도록 프로그램 제목과 아트워크 이미지도 떠 있다. 예전에는 주파수와 편성 정보를 사전에 알고 있지 않으면 일정 시간 들어 봐야 어떤 프로그램인지 알 수 있었지만, 이제는 이런 정보를 보고 바로 알 수 있다. 오디오는 FM 수신 부품을 통해 방송망으로 전달받고, 기타 정보들은 방송사로부터 인터넷망으로 공급받아서 띄워 주는 하이브리드(hybrid) 라디오다.

② 실시간 음악 정보 표시

지금 나오는 노래가 궁금하면, 음원 인식 탭을 눌러 곡 정보를 알 수 있다. 여기 적용된 것은 멜론 뮤직의 음원 인식 기술과 음악 라이브러리다. 현재 라디오에서 나오는 음원에서 음원 DNA를 추출, 이를 멜론 뮤직의 음악 라이브러리와 비교해 곡을 특정하고 해당 곡 정보를 화면으로 띄워 준다.

③ 권역 이동 시 자동 주파수 변경

방송 수신 권역을 넘나들 때는, 해당 채널이 가장 깨끗하게 잡히는 주파수로 자동 변경된다. 이는 원래 디지털 라디오에서만 가능한 SFN(Single Frequency Network, 단일 주파수 네트워크)과 유사한 효과를 낸 것인데, GPS와 AI 등 새로운 기술들 덕에 기존 아날로그 라디오에서는 구현하기 어려웠던 기능이 가능해진 것이다. GPS로 파악된 차량 위치와 사전에 제작된 주파수 지도를 대조해 현 위치에서 가장 적합한 주파수를 찾아 가도록 한 것이다. 제네시스 등 좀 더 고급 라인에서는 여기에 AI를 적용, 실제로 경합 중인 주파수들의 잡음 정도를 측정해 더 깨끗한 쪽을 선택하는 보완책까지 적용한다고 한다.

이처럼 라디오가 '커넥티드 터치스크린 UI' 환경에서 소프트웨어로 바뀌면 기존에 불가능했던 기능이나 사용자 경험, 또 사업적 가능성(음성 광고가 나올 때 화면에 할인 쿠폰을 띄워 주는 기능 등)을 발휘할 수 있다. '커넥티드 터치스크린 UI'는 앞서 다뤘던 '접근성 기득권 상실'이라는 위기를 빚기도 하지만 '스마트 라디오'의 기회를 열어 주기도 한다.

그러나 기회는 적극적으로 찾아 나서서 시도하지 않으면 열리지 않는다. 자동차 라디오를 스마트 라디오로 진화시킬 수 있는 기술들은 이미 나와 있지만 이들을 조합해 스마트 라디오를 구현할지 여부는 완성차 기업(자동차 OEM)의 의지에 달려 있기 때문이다. 그래서 커넥티드 카 시대에는 각 완성차 브랜드가 제공하는 '라디오 사용자 경험'의 편차가 커지고 있다. 국내만 봐도 현대기아차 커넥티드 차종들의 '스마트 하이브리드 라디오'는 여타 브랜드들의 '재래식 라디오'와는 아예 다른 디바이스로 봐야 할 정도로 그 차이가 벌어져 있다. 이런 차이는 각 완성차 브랜드 기술력의 차이라기보다는 라디오의 중요도와 이용 가치에 대한 완성차 브랜드들의 관점 차이에서 비롯된다. 현대기아차 그룹은 채널과 프로그램 로고 표시는 물론 최적 주파수 자동 선택과 음악 정보 제공까지 적극적으로 라디오의 스마트화를 시도하고 있지만, 역시 방송사로부터 실시간 메타데이터를 공급받는 벤츠코리아는 채널 로고만 표시하는 수준에서 멈췄다. 국내 나머지 완성차 OEM들은 방송사들에 메타데이터를 요청하지도, 라디오를 진화시키려는 노력도 거의 보이지 않는다. 커넥티드 인포테인먼트 기능을 강조하는 완성차들도 그 내용을 뜯어보면 음악 서비스, 오디오북, 비디오 OTT 등 스마트폰에서 쓰던 앱들을 자동차가 직접 스트리밍받아 인포테인먼트 대화면에 띄워 준다는 내용이 주를 이룰 뿐, 라디오의 사용자 경험을 개선하는 경우가 드물다. 오히려 다른 미디어 서비스들이 강조되고 전면에 나오면서 라디오가 뒤로 밀려 있거나, 여전히 주파수 숫자만 표시되는 상태로 라디오를 방치함으로써 다른 미디어들에 비해 열등해 보이도록 만들고 있다. 볼보코리아가 대표적인 사례인데, '300억 원을 투자해 구글 안드로이드 오토모티브 OS를 기반으로 티맵모빌리티와 개발한 커넥티드 인포테인먼트 시스템'을 대대적으로 광고해 오고 있지만 실제 이를 이용해 보면 라디오의 가능성은 전혀 살리지 못하고 있음을 알 수 있다. 이는 이 시스템 개발에 참여한 주체들과 활용된 요소들을 살펴보면 예상할 수 있는데, 우선 기반 운영 체제인 안드로이드 오토모티브 OS를 개발한 빅테크(구글)는 라디오에 대한 고려가 없는 주체이고, 국내 로컬 결합 요소인 통신망(SKT), 내비게이션 지도(티맵 오토), 음성 비서

(NUGU 오토), 음악 서비스(FLO) 모두 통신사인 SKT 및 자회사 서비스로, 자동차에서 라디오의 역할에 대해 무관심하거나 오히려 경쟁 서비스로 볼 주체들이다.

커넥티드 카 인포테인먼트에서 좀 더 '세련되고 핫한' 미디어를 보여 줘야 한다는 완성차 회사들의 강박 또는 착각과, 시스템 개발을 주도하는 빅테크와 통신사들의 '무료 보편 공공 미디어'에 대한 무관심이 결합하면 라디오의 설 자리는 좁아진다. 라디오는 완성차의 최종 소비자인 운전자들이 부담 없이 쓸 수 있는 거의 유일한 미디어라는 점, 기술적 노력을 조금만 기울여도 크게 진화된 사용자 경험을 줄 수 있어 완성차 회사로서도 가성비 높은 비교 우위를 만들어 낼 수 있다는 점을 라디오 업계가 완성차 브랜드에 적극적으로 환기해 주어야 한다. 현대기아차가 라디오를 똑똑하게 진화시키는 데 관심을 가진 것은 다행스러운 일이지만, 이런 관점이 앞으로도 유지되려면 라디오 업계의 더 적극적인 노력이 필요하다. 현대기아차도 실제 개선하고 있는 기능 중 광고로 강조하는 것은 OTT 등 뉴미디어 쪽이지 라디오 개선 쪽은 아니다[영상 OTT인 넷플릭스나 웨이브(wavve)를 탑재하기로 했다는 보도 자료는 봤어도 라디오 기능이 스마트해졌다는 보도 자료는 본 적 없을 것이다]. 현대기아차는 커넥티드 카 라디오를 재래식 차종의 라디오와 비교할 수 없을 만큼의 지능형 디바이스로 발전시키고 있지만, 이를 적극적으로 홍보하지 않기 때문에 라디오를 주의 깊게 살펴보거나 차량 매뉴얼을 찾아보는 사람이 아니면 뭐가 달라졌는지 알기 어렵다. 어쩌면 라디오 진화에 가장 적극적인 현대기아차조차 라디오 기능 개선에 투자하는 것이 맞는지 확신하지 못하는 것 아닐까? 적어도 현대기아차 라디오 개선 과정에 방송사 측 실무 파트너로 참여했던 필자의 경험으로는 그런 우려를 지울 수 없다. 이제 모든 자동차가 커넥티드 카인 시대다. 인포테인먼트 시스템에서 라디오가 더 이상 밀리지 않고, 커넥티드 터치스크린의 기술 특성을 오히려 강점으로 가져오려면 감나무에서 감 떨어지길 기다리듯 완성차 회사들의 우호적 처분만을 기다려서는 안 된다. 라디오의 최대 승부처에서 라디오의 어쩌면 마지막이 될지도 모르는 기회를 놓치지 않도록, 완성차 기업들이 빅테크나 통신사에 휘둘리며 미디어 활용 전략의 중심을 잃고 오판하지 않도록, 라디오 업계가 협력하고 조력해야 한다.

한 걸음 더

스마트 라디오? 하이브리드 라디오? IP 라디오?

앞서 현대기아차 커넥티드 카의 라디오를 설명할 때 '스마트 라디오'라는 용어를 썼지만, 이것은 사실 널리 공인된 표현은 아니다. 다만 그 특성을 간단하면서도 적확하게 전달하기 위해 필자가 선택한 용어다. 현재 라디오 산업에서 새롭게 등장하고 있는 라디오 개념 몇 가지를 서로 구별할 수 있도록 정리하고 넘어가자.

① IP 라디오

인터넷 프로토콜(Internet Protocol)만을 전송로로 사용해 청취되는 라디오 서비스. 스마트폰, 스마트 스피커, PC, 커넥티드 카 등 IP 네트워크에 연결된 기기에서 스트리밍 방식으로 들을 수 있다. 지상파 채널의 동시 송출(simulcast)도 포함하지만, 인터넷 전용 '웹 라디오'나 '디지털 오디오 스트리밍'까지 폭넓게 아우르는 개념이다.

② 하이브리드 라디오

전통적 방송 신호(FM, DAB, HD Radio 등)와 IP 연결을

하나의 수신 단말에서 결합한 라디오. 방송망을 기본 음원으로 삼되, 네트워크를 통해 ▲채널 · 프로그램 로고나 앨범 아트 등 메타데이터 ▲실시간 교통 · 음악 정보 ▲인터랙티브 광고와 링크 ▲방송 음영 지역에서의 자동 IP 스트림 전환 등을 제공한다. 유럽 방송사들이 정한 국제 표준(RadioDNS)도 존재한다.

③ 스마트 라디오

스마트폰, 커넥티드 카 인포테인먼트 시스템 등 인터넷에 연결된 IT 스마트 기기에서 '소프트웨어 측면에서 정의'된 기능을 적극 활용하는 라디오 개념이다. 현대기아차의 커넥티드 카 라디오처럼 IT 기술을 활용해 기존 지상파 라디오에서 불가능하던 기능–차량 위치 · 주행 정보와 연동해 최적 주파수를 자동 선택, 음성 비서 · 터치스크린 UI로 조작, OTA(Over The Air) 업데이트로 기능과 UI를 지속 확장 등–을 구현한 것이 대표적 예다.

※ 필자가 속한 MBC 라디오에서는 스마트폰과 PC에서 스트리밍으로 자사 라디오 채널과 팟캐스트를 들을 수 있는 애플리케이션(MBC mini)을 '스마트 라디오 MBC mini'로 소개하고 있다. 국내 라디오 방송사들은 오랫동안 각

자의 라디오 애플리케이션을 '인터넷 라디오 OOO'으로 소개해 왔다. 그러나 '인터넷 라디오'는 'IP 라디오'와 동일한 뜻으로 쓰기도 하고, 스마트 기기의 애플리케이션으로서 가능해진 '스마트한 청취 경험'을 강조하기에는 부족했기에 2020년 '인터넷 라디오'라는 수식어를 공식적으로 '스마트 라디오'로 변경했다. 현재 '스마트 라디오'라는 표현이 MBC 외 다른 방송사와 관련 음성 광고 판매 상품에서도 기존 수식어인 '인터넷 라디오'를 대체해 가는 것을 보면, 스마트 디바이스에서 사용되는 방송사 라디오 애플리케이션들의 기능과 성격을 표현하는 데 '스마트 라디오'가 '인터넷 라디오'보다 더 적합하다는 공감대가 형성된 것으로 보인다.

사용자에게 송출 경로를 잊게 하라: 라디오도 브랜딩에 집중해야 하는 시대

2020년대의 라디오는 동일한 채널이 복수의 송출 네트워크를 통해 전달되는 체제를 갖추고 있다. 우리나라의 경우 FM 방송망이 메인 네트워크지만, 대부분 채널을 인터넷망으로도 들을 수 있다. KBS1 라디오나 극동방송처럼 여전히 AM망까지 동시 송출하는 채널은 3개의 네트워크를 활용한다. 디지털 라디오를 도입했지만 아직 아날로그망을 유지하고 있는 많은 국가에서는 AM/FM/DAB(또는 HD Radio)/IP까지 같은 채널을 3~4개 네트워크에서 동시에 내보내기도 한다. 그래서 라디오의 이런 멀티 플랫폼 특성을 고객 접점의 디바이스가 어떤 UI 디자인으로 담아내는지에 따라 라디오의 사용자 경험이 크게 달라진다. 이는 특히 라디오의 위치가 계속 바뀌고 안전을 위해 조작을 최소화해야 하는 자동차에서 중요한 문제다. 독자들의 이해를 돕기 위해 그림을 그려 비교해 봤다(그림 4-5).

그림 4-5의 위쪽 그림은 기존 방식이다. 송출 플랫폼을 먼저 고르고, 그 안에서 주파수를 오르내리는 등의 방식으로 채널을 고르는 것이다. 예를 들어 FM, DAB, IP 3개 경로로 동시 송출되는 BBC1을 듣고자 할 때, FM, DAB, IP 중 하나의 플랫폼으로 진입한 후, 그 안에서 BBC1을 찾는 식이다. 우리가 이제까지 익숙했던 라디오 조작 방식이다.

그림 4-5의 아래쪽 그림에서는 플랫폼을 선택하지 않는

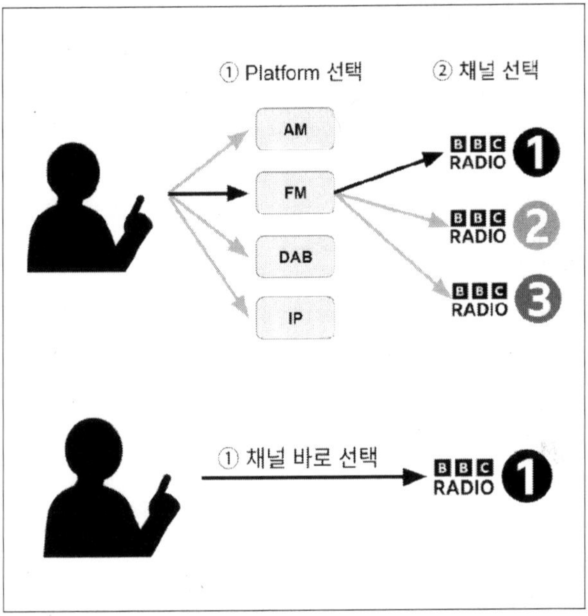

그림 4-5. 플랫폼과 채널 선택 방식

플랫폼을 먼저 선택하고, 그 플랫폼이 품고 있는 채널을 선택하는 기존 방식(위)은 두 단계의 조작을 거치는 반면, 플랫폼을 선택하지 않고 채널 브랜드만 선택하는 방식(아래)은 목적 콘텐츠로 직행하는 한 단계만 필요하다.

다. 그냥 원하는 채널의 로고(이미지와 텍스트로 구성된)를 선택하면, 디바이스가 현재 위치에서 가장 수신 상태가 좋은 네트워크로 계속 바꿔 가며 채널을 들려주는 개념이다. 청취자는 콘텐츠가 어떤 네트워크로 전달되는지 신경 쓸 필요가 없다. 라디오의 사용자 인터페이스도 훨씬 단순하다. 이런 사용자 경험을 구현하기 위해서는 ① 라디오 디바이스가 방송망뿐 아니라 인터넷망에도 연결되어 있어야 하고, ② 현재 위치에서 가장 깨끗하게 잡히는 네트워크를 기기 스스로 판단해 신속하게 바꿔 줄 수 있어야 하며, ③ 채널 브랜드 로고를 보여 줄 수 있는 터치스크린을 갖춰야 한다. 이 세 가지 조건을 만족하는 것은 결국 커넥티드 카의 '스마트 하이브리드 라디오'다. 영국의 라디오플레이어(Radioplayer)나 미국의 DTS 오토스테이지(DTS Autostage)와 같은 커넥티드 카 라디오 솔루션은 이런 기능을 구현해 자동차 제조사들에 제공하고 있다. 아우디, 폭스바겐, 포르쉐를 갖고 있는 폭스바겐 그룹이나 BMW는 이미 라디오DNS(RadioDNS) 기반의 하이브리드 라디오 기능을 자사 차량의 인포테인먼트 시스템에 탑재하고 있다. 이러한 시스템은 운전 중 FM이나 DAB+와 같은 방송 라디오를 듣다가 신호가 약해지는 지역으로 진입하면, 차량의 인터넷 연결(내장 모뎀 또는 스마트폰 테더링)을 통해 해당 방송국의 IP 스트림을 찾아 자동으로 전환한다. 이 과정에서 라디오 청취자는 끊김이나 명확한 전환을 느끼지 못하고 계속해서 동일한 방송을 들을 수 있으며, 이는 라디오 청취 경험을 크게 향상하는 중요한 기능으로 홍보되고 있다.

한편, 완성차 기업 또는 완성차에 인포테인먼트를 공급하는 기업들이 라디오 방송사에 IP채널(주소)을 열어 달라고 요구하는 경우가 있는데, 이를 열어 줄지 말지 방송사가 의사 결정할 때는 완성차 쪽의 요구가 이런 '지상파와 IP 스트리밍 간 채널 자동 스위칭'을 위한 것인지 살펴보는 것이 중요하다. 라디오 UX를 개선하는 큰 목표 아래 방송사가 공급한 IP 채널이 활용된다면 좋은 일이지만, 인터넷망으로 전달되는 여러 미디어의 일부로 편입하기 위해 라디오 IP 채널을 가져다 쓴다면 여타 라디오 플랫폼들과 통합 운영되지 못해 라디오 접근 경로가 여러 개로 쪼개지는 참담한 상황을 맞을 수도 있다. 국내 볼보 차량에 내장된 티맵모빌리티가 그런 경우인데, 방송망과 IP 등 라디오 채널의 여러 전송 경로를 통합해 라디오 UX를 개선하려는 고민은 보이지 않는 상태에서 라디오 방송사가 스마트 스피커용으로 SKT에 공급한 IP 채널을 자동차로 끌어가려는 시도가 있었다. 카 인포테인먼트를 주도하는 주체는 완성차 OEM일 수도, 빅테크일 수도, 이동 통신사일 수도 있다. 현재까지 필자가 관찰하고 경험한 바로는 라디오의 유용성을 오랜 경험으로 체득하고 있는 전통 자동차 회사의 접근법과 라디오를 거추장스러운 올드 미디어로만 인식하는 빅테크나 통신사의 접근법은 근본적으로 다르다. IP 채널처럼 같은 것을 요구하더라도 전혀 다른 목적을 갖고 정반대의 결과를 만들어 낼 수 있다. 라디오 업계는 그저 상대방의 처분을 기다려서는 안 된다. 커넥티드 카에서 라디오 UX가 어디까지 좋아질 수 있는지, 라디오 중심의 UX 혁신은 무엇인지, 완성차나 빅테크 등 상대방은 이를 정확하게 이해하고 있는지, 이해하지 못하고 있다면 어떻게 설득할지 알아야 한다. 유럽, 영국, 호주의 라디오 업계가 서로 공조하면서 완성차 업계 및 빅테크들과 협상하려 하는 이유가 바로 이것이다.

미디어 플랫폼의 조건을 갖춘 완성차 기업

기존 자동차에서는 탑재된 미디어 기기(라디오나 CD 플레이어)의 콘텐츠 유통에 대해 완성차 회사가 관여할 수 없었다. 라디오의 네트워크는 공공재인 전파였고, 디바이스(FM 수신기)가 공급할 수 있는 콘텐츠(채널)는 그 범위(국내 FM의 경우 88~108MHz)가 정해져 있었기 때문이다. 하지만 커넥티드 카의 미디어 네트워크인 인터넷망은 공공망이 아닌 사기업이 관장하는 네트워크(완성차 기업이 이동 통신사에서 구매 또는 임대)이고, 디바이스(인포테인먼트 시스템)마저 완성차 기업의 완벽한 통제에 들어가 있다. 디바이스에서 어떤 미디어와 어떤 콘텐츠를 제공할지, 그 콘텐츠를 이용할 때의 대가를 얼마로 할지를 모두 완성차 기업이 정할 수 있는 구조다. 주거 공간과 비교해 보면, 자동차라는 공간에서 완성차 기업이 가진 장악력이 더 선명해지는데, 건설사가 아파트를 팔더라도 가구와 가전제품까지 정해 주진 않지만—빌트인 가전이라는 개념이 있지만 기본적으로 선택할 수 있는 개념이다—자동차의 인포테인먼트 시스템은 자동차와 통합되어 있어서 완성차가 정해 주는 대로 써야 한다. 이렇게 네트워크와 디바이스를 제어할 수 있게 된 완성차 기업이 미디어 플랫폼 역할에 관심을 가지는 것은 당연한 흐름이다.

TV가 인터넷이 연결된 커넥티드 TV, 스마트 TV로 바뀌는 과정에서도 비슷한 일이 일어났다. 글로벌 TV 시장에서 압도적 점유율을 갖고 있는 삼성전자와 LG전자는 TV가 인터넷에 연결되는 스마트 TV로 전환되면서 콘텐츠 공급에 관여할 수 있게 되었고, 결국 FAST(Free Ad-supported Streaming TV, 광고 기반 무료 스트리밍 TV)라는 비즈니스 모델을 통해 미디어 플랫폼 사업에 나섰다. 지금 삼성이나 LG의 스마트 TV를 사면 따로 유료

케이블 TV나 IPTV에 가입하지 않더라도 삼성 TV 플러스(Samsung TV Plus)나 LG 채널(LG Channels)이라는 수십~수백 개 규모의 채널 모음을 즐길 수 있다. 인터넷 스트리밍 방식의 채널이기 때문에 채널 수 확장, 채널의 개폐나 명칭 변경에 제한이 없다. 프로그램 사이사이에 광고가 들어 있는 형태는 공중파 채널과 같지만, 채널 수가 많다 보니 훨씬 세분된 큐레이션이 가능하고, 시청자의 행동을 수집할 수 있는 시청자 접점 디바이스를 가진 동시에 인터넷이라는 상시 데이터 리턴 경로까지 확보하면서 시청자의 콘텐츠 이용 데이터를 실시간으로 파악할 수 있다. 시청자 입장에서 보면 공중파 TV 채널과 비슷한 구조인데 보다 장르 전문성이 강하고 광고는 적은 채널인 것이고, 공중파 TV 방송사 입장에서 보면 구독료라는 진입 장벽 없이 수백 개의 경쟁 상대가 밀려든 셈이다. 단순 기기 제조사로 봤던 삼성전자와 LG전자가 정교한 시청 데이터까지 쥐고 직접 광고 수주를 하는 미디어 사업자, 더 나아가 전 세계에 TV를 파니 글로벌 미디어 사업자로 변신한 것이다.

2025년 4월 현재, 삼성전자와 LG전자는 각자의 FAST 플랫폼인 삼성 TV 플러스와 LG 채널을 중심으로 글로벌 스트리밍 시장에서 뚜렷한 성과를 거두고 있다. 삼성 TV

플러스는 2024년 말 기준 월간 활성 사용자 수가 약 8800만 명에 달하며, 미국 내에서만 700개에 육박하는 채널을 제공하고 있다. 이 플랫폼은 전 세계 30개국 이상에서 3500개 이상의 채널을 운영하고 있으며, 사용자의 콘텐츠 소비 패턴을 기반으로 한 AI 광고 타깃팅 기술을 적용해 광고 수익화에도 적극적으로 나서고 있다. 특히 영화, 뉴스, 스포츠, 어린이 콘텐츠 등 다양한 장르를 포함한 온디맨드 콘텐츠 이용률이 전년 대비 400% 이상 증가할 정도로 사용자 반응이 뜨겁다. LG 채널 역시 유럽과 인도 등 신흥 시장에서 두드러진 성장세를 보인다. 2023년 기준 유럽 내 사용자 수는 전년 대비 세 배 이상 증가했으며, 인도에서는 9개 채널로 시작한 서비스가 불과 2년 만에 100개 이상의 채널로 확대되었다. LG는 현재 글로벌 33개국에서 4000개 이상의 채널을 운영하고 있으며, NBC 유니버설(NBC Universal), BBC 스튜디오(BBC Studios), 라이온스게이트(Lionsgate) 등과의 콘텐츠 제휴를 통해 장르의 다양성과 품질을 함께 확보하고 있다. 삼성과 LG는 각각 대규모 채널 운영과 글로벌 사용자 기반, 지역 특화 콘텐츠 전략 등을 통해 FAST 시장 내 입지를 강화하고 있으며, 스마트 TV 제조사의 강점을 콘텐츠 플랫폼 운영에 유기적으로 연결하는 방식으로 OTT 시장의 새로운 경쟁자

그림 4-6. 삼성전자의 FAST 플랫폼 '삼성 TV 플러스'의 소개 페이지
삼성 스마트 TV는 지상파 채널 뒤에 바로 FAST 채널들이 이어지게 배치함으로써 사실상 지상파와 동등한 접근성을 시도하고 있다.
이미지 출처: https://www.samsung.com/sec/tvs/smart-tv/samsung-tv-plus/

로 부상하고 있다.

이처럼 특정 시장에서 높은 점유율을 가진 디바이스 제조사가 해당 디바이스를 인터넷에 연결할 수 있게 되면 강력한 미디어 플랫폼 사업자로 변신하는 것은 시간문제다. 그나마 TV라는 가전제품은 고객이 직접 선택하는 경우가 대부분이고, 집에 고정되어 있지 않기 때문에 바꿀 수 있다. 그러나 완성차 기업이 직접 기획해 자동차 출고 시에 내장하고 폐차 때까지 바꿀 수 없는 인포테인먼트 시스템은 제조사의 제어력이 TV보다 훨씬 높을 수밖에 없다. 즉 완성차 기업이 FAST 같은 방식을 통해 미디어 플랫폼 사업자로 나설 경우, TV 제조사보다 더 강력한 제어력을 가진 사업자가 될 수도 있다는 것이다.

라디오 방송사들이 특히 주목해야 할 부분은 기존 방송과 흡사한 형태인 FAST가 거실 TV보다 자동차에 더 적합한 미디어라는 점이다. 채널 공급자 쪽에서 큐레이션하여 공급하는 FAST 채널은 이용자가 수동적으로 소비하는 린백(lean-back)형 미디어다. VOD처럼 이용자가 적극적으로 선택하고 개입해야 하는 린포워드(lean-forward)형 매체는 기기 조작에 제약이 많은 운전자에게 적합하지 않지만, 린백형 미디어는 객관식 시험 문제 선택하듯 채널을 쓱쓱 넘기면서 고르기 때문에 운행 중인 차량의 운전석에서도 허용됐다. FAST가 오디오 형태로 자동차에 들어올 경우, 라디오 방송들의 가장 강력한 경쟁자가 될 가능성이 높다. 필자는 현대기아차 커넥티드 카에서 오디오 스트리밍에 대한 비과금(zero rating, 데이터 전송 요금을 따로 물리지 않는 요금 정책)이 개시된 2023년 하반기, 자동차용 오디오 FAST가 등장할 조건이 완성되었다고 판단하고, 이를 대비해야 한다고 라디오 업계에 경고했다.

업계의 움직임은 생각보다 빨랐다. 스마트 TV 시장에서 FAST 솔루션을 선도하고 있는 뉴아이디(New ID)는 2023년 10월, 신형 BMW5 시리즈의 새로운 인포테인먼트 시스템에 FAST 채널과 AVOD 콘텐츠를 공급하기 시작했다. 비슷한 시기 제네시스 GV80 신모델과 GV80 쿠페에 LG전자의 차량용 웹OS(webOS) 콘텐츠 플랫폼이 탑재되면서 FAST 서비스 LG 채널이 따라 들어갔고, 이는 2024년 5월 기아 EV3까지 확대되었다. 그리고 2025년 4월, 드디어 현대차는 뉴아이디와 함께 '현대 TV 플러스'라는 자체 브랜드의 차량용 FAST를 출시했다.

'현대 TV 플러스'는 택시부터 출시되었지만, 이전의 비디오 서비스들이 조수석이나 뒷좌석용으로 나온 것과 달리 운전자용으로 나왔다. 비록 휴식 시간이나 차량 정지 시점에 쓰도록 한다지만 FAST의 사용성과 사용 행태를

그림 4-7. 뉴아이디와 현대차가 제휴해 출시한 차량용 FAST

'현대 TV 플러스'가 소나타 택시에 탑재된 모습. 택시 운전자는 휴식 시간 및 차량 정지 시간에 실시간 뉴스 채널을 비롯해 시사, 교양, 예능, 드라마 등 다양한 방송 채널을 골라 볼 수 있다.

이미지 출처: 뉴아이디

판단하기에 충분한 데이터가 쌓일 것이다. 택시 시장은 대규모로 서비스를 테스트하기에 적합한 환경이다. FAST를 언제 일반 차량의 운전자에게로 확대할지, 운행 중에는 오디오만 나오게 해도 호응이 있을지, 광고 수익 모델은 적용할 만한지, 라디오 채널과의 경합도는 어떨지 등을 실전에서 시험해 볼 수 있다. 라디오 업계는 이 상황을 주의 깊게 살펴봐야 한다.

가장 정확한 청취율을 알고 있는 자는 누구인가

커넥티드 카로 인해 이미 변화를 경험한 산업이 있다. 바로 자동차 보험업이다. 커넥티드 카를 타면서 자동차 보험에 가입해 본 독자들은 이미 알아챘을 텐데, 커넥티드 카에서 수집된 운행 데이터들(주행 거리, 운전 습관을 수치화한 안전 운전 점수 등)이 자동차 보험료 책정에 활용되고 있다. 자동차가 각종 센서와 컴퓨터(ECU)를 탑재하기 시작하면서 당연히 주행 정보는 물론 운전자가 얼마나 거칠게 운전하는지를 측정하고 데이터로 쌓을 수 있게 된 지는 꽤 되었지만, 이 데이터가 차를 벗어날 수 없었을 때는 활용이 제한적이었다. 그런데 자동차가 인터넷에 연결되면서 드디어 이 데이터가 생명력을 얻게 된다. 자동차가 수집한 데이터가 계속 자동차 밖으로 나오고 모여서 가치를 만들게 된 것이다. 커넥티드 카 운전자가 자동차 보험에 가입할 때 이들 데이터 활용에 동의하면(보험료 할인이라는 혜택이 있어 대부분 동의한다), 보험사는 주행 기록과 운전 습관 데이터를 공유받게 되고, 이를 근거로 운전자에게 따로 묻지 않고도 연간 주행 거리와 운전 습관을 정확히 파악해 보험료를 책정하게 된다.

자동차가 파악할 수 있는 데이터는 우리가 상상할 수

있는 것 이상으로 방대하고 구체적이며, 탑승자의 미디어 소비 행태 또한 예외가 아니다. 스마트 디지털 기기인 카인포테인먼트 시스템은 자신이 재생하는 소리와 영상이 무엇인지 알고 있으며, 이용자가 어떤 콘텐츠를 고르고 얼마나 들었는지, 어느 부분에서 채널을 바꿨는지, 어떤 지점에서 소리를 키웠는지 모조리 기록할 수 있다. 이런 미디어 이용 데이터에 공간 정보(자동차의 위치 정보)까지 더해져 실시간으로 공유되고 축적된다면 그 가치는 얼마나 될까? 사업적 활용 가능성은?

그간 라디오 비즈니스의 최대 아킬레스건은 정확한 청취 데이터 측정이 불가능하다는 점이었다. 방송망에서는 일방향으로 콘텐츠만 쏠 수 있을 뿐, 누가 얼마나 듣고 있는지 측정해서 방송사로 보내 줄 리턴 채널이 없었기 때문이다. 그래서 라디오 청취율은 사후 설문 조사 방식으로 이뤄진다. "지난주 5분 이상 들었던 방송 프로그램을 알려주세요"라고 질문하는 식이다. 기억에 의존하다 보니 정확하기 어렵고, 좋아하는 방송 프로그램에 이익을 주기 위해 의도적인 거짓말을 하기도 한다. 심지어 청취율 조사 기간에는 이런 어뷰징(abusing, 사실과 다르게 조사 결과를 왜곡하는 것)을 청취자에게 읍소하는 방송도 심심찮게 있다. 청취율 조사 전화를 받게 되면 자기 채널이나 프로그램에 유리한 답변을 해 달라고 아예 방송에서 공개적으로 요구하거나, 심지어 경품 이벤트를 하는 경우 말이다. 사후 설문 조사라는 구조적 한계에 어뷰징까지 만연하다 보니, 라디오 청취율 조사에 대한 신뢰는 떨어질 수밖에 없다. 로그 기반의 정확한 소비 측정, 효과 측정, 타기팅이 가능한 디지털 광고에 익숙해진 광고주들이 과연 한국의 라디오 청취율을 근거로 광고를 집행할 수 있을까? 국내 라디오 광고는 이제 정량적 근거보다는 정성적 · 정책적 요인에 따라 광고를 집행한다고 봐야 할 지경까지 왔다.

한편, 방송망이 아닌 PC와 스마트폰에서 스트리밍으로 전달되는 라디오 콘텐츠는 누가 얼마나 듣는지 측정할 수 있다. 넓게 쏴 버리고 끝나는 '방송(broadcast)'이 아닌, 공급자와 수용자가 데이터를 일대일로 주고받는 '전송(unicast)'이기 때문이다. 투자에 소극적인 국내 라디오 애플리케이션들은 현재 프로그램 단위의 청취량 정도를 측정해 활용하고 있지만, 애플리케이션과 전송 체계를 고도화하면 좀 더 구체적인 청취 데이터를 측정하고 축적할 수도 있다. 하지만 채널 스트리밍은 전체 청취량의 10~20% 수준이고 스마트폰/PC라는 특정 디바이스와 상황에 국한된 한계가 있다. 이런 가운데 국내 라디오 청취의 70% 이상을 차지하는 자동차가 커넥티드 카로 바뀌면서 그 안에서의 라디오 청취가 정밀하게 실측되고 실시간 데이터로 전달 · 축적될 수 있는 구조가 갖춰졌다면? 완성차 기업들은 이를 굳이 화제로 올리고 있지 않지만, 커넥티드 카에서의 라디오 청취 데이터를 실시간으로 모니터링할 수 있다는 것은 주지의 사실이다. 자동차 보험의 사례처럼 데이터의 용처와 반대급부가 확실해지면 빠른 속도로 수면에 올라올 이슈다.

그림 4-8의 스크린 숏은 그 쓰임새의 일부를 보여 주고 있다. 벤츠와 현대기아차를 비롯, 여러 글로벌 완성차 기업에 커넥티드 카 인포테인먼트 솔루션 DTS 오토스테이지를 공급하는 DTS가 지난 2023년 DTS 방송사용 포털(DTS broadcaster portal)을 발표했다. DTS와 제휴 중인 라디오 방송사들이 계정을 발급받아 접속하면, DTS 솔루션을 탑재한 커넥티드 카 내에서 자사 채널의 청취 상황을 확인할 수 있는 웹사이트다. 그림 4-8의 스크린 숏들은 미국 뉴욕 시러큐스 지역의 라디오 채널 93Q의 2022년 8월 24일 커넥티드 카 내에서의 청취 상황을 보여 주고 있는데, 지난 24시간 동안 청취량이 어떻게 변화하고 있는지 추이를 그래프로 보여 주고(위쪽 스크린 숏), 어느 곳에서 많이 들었는지를 한눈에 파악할 수 있도록 히트맵(hit map, 아래 스크린 숏)으로 표현해 준다.

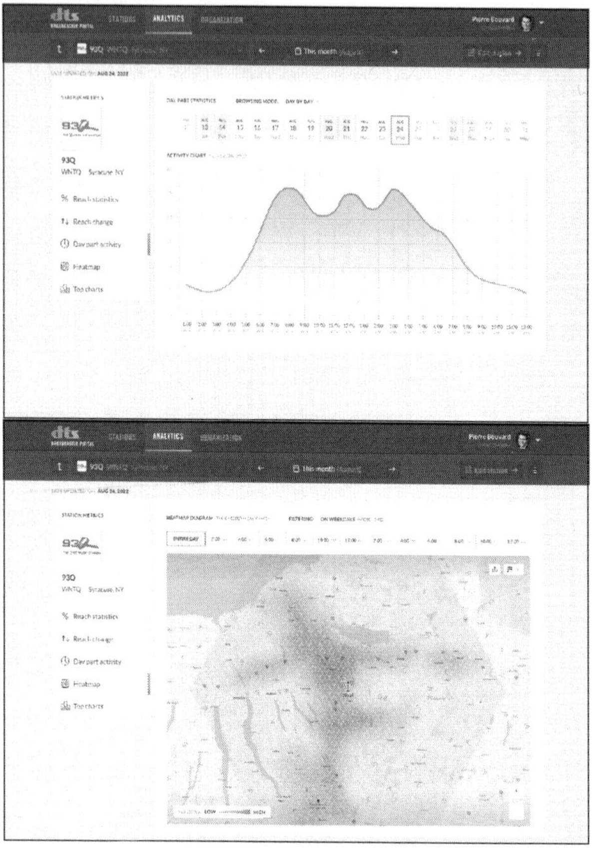

그림 4-8. 커넥티드 카 인포테인먼트 솔루션 DTS 오토스테이지가 방송사에 제공하는 broadcaster's portal 접속 화면들
이미지 출처:
https://radioinsight.com/headlines/250220/dts-autostage-launches-audience-analytics-portal/

DTS 오토스테이지는 국내 메르세데스-벤츠와 테슬라의 커넥티드 카에도 탑재되어 있으며, MBC 등 DTS 제휴 방송사들 역시 그림 4-8의 포털 화면을 볼 수 있다. 아직은 모수가 작아서 본격적으로 활용하기엔 아쉽지만, 커넥티드 카가 가져올 변화를 짐작하는 데는 부족하지 않다. 지상파 방송의 청취량을 실시간으로 실측할 수 있고, 특히 위치 정보와 결합할 수 있다는 것은 여러 측면에서 큰 잠재력을 지닌 혁신이다. 청취율 조사를 신뢰하지 못해 떠나갔던 광고주들의 마음을 돌릴 수도, 전파 측정 차량으로 구석구석 누벼야 찾을 수 있는 음영 지역을 좀 더 쉽게 찾을 수도(교통량 히트맵과 비교해 밀도 차이가 난다면 전파가 잘 안 잡히는 음영 지역인지 의심해 볼 수 있다) 있을 것이다.

한편, 커넥티드 카가 인지하는 운전자의 미디어 청취 상황을 다른 데이터(현재 위치, 예정된 경로, 현재 날씨 등)와 결합하면 이전에 불가능했던 수익화 모델도 만들 수 있다. 일례로 다음과 같은 스마트 광고, 마케팅 시나리오를 생각해 볼 수 있다.

① 맥도날드 햄버거(광고주)가 다이내믹 인서트 방식(dynamic insert, 광고 재생 시점에서 개인화된 광고 소재

삽입)의 컴패니언 광고(음성과 이미지 두 가지 소재가 동시에 재생되는 광고) 청약.

② 커넥티드 카 운전자가 인포테인먼트 시스템 내비게이션에서 목적지 설정.

③ 주행 경로상에 가까운 맥도날드 매장이 존재할 때, 차량이 해당 지점을 통과하기 전 운전자가 청취 중인 라디오 프로그램 중간에 맥도날드 음성 광고를 재생하고, 인포테인먼트 시스템 화면에는 할인 쿠폰을 띄워 운전자의 터치 유도.

④ 운전자는 경로상의 맥도날드 매장에 멈춰 드라이브인 주문, 인포테인먼트 시스템에 다운로드된 할인 쿠폰을 사용해 해당 매장에서 차량 내 결제(in-car payment) 시스템으로 결제.

위 시나리오를 구현하는 데 필요한 기술은 이미 실증된 것들이다. 스트리밍 라디오와 팟캐스트에서 청취 지역·날짜·날씨에 맞춰 광고 소재를 자동 교체하는 것은 디지털 오디오 광고 솔루션 기업 애즈위즈(AdsWizz)의 동적 크리에이티브 플랫폼에서 구현되고 있다. 주행 경로상 가까운 매장으로 유도하는 내비게이션 경로 기반 위치 타기팅(geo-targeting)은 이미 수년 전 맥도날드와 구글 웨이즈(Waze)의 '웨이즈 맥립 캠페인'을 통해 그 효과를 입증했다. 차량 인포테인먼트에서 쿠폰을 다운로드하고 결제하는 것 역시 GM이 던킨도너츠, 맥도날드, 스타벅스 등과 협업한 사례, 텔레나브 비비드 커머스(Telenav VIVID Commerce)가 주유소들과 제휴한 사례 등으로 이미 상용화되어 있다. 위 시나리오는 지상파 라디오 광고가 대상이므로 보완할 부분이 있지만, 커넥티드 카 환경에서 완성차 기업과 라디오 산업이 협력하면 충분히 구현할 수 있다.

자동차 산업은 국내 라디오 청취량의 과반을 점하고 있으며, 그 라디오는 이전의 재래식 라디오가 아닌 스마트 하이브리드 라디오로 가고 있다. 라디오 산업의 발목을 잡고 있던 데이터 부재 문제를 일거에 해결할 수 있고, 공간 정보와의 결합을 통해 광고를 넘어 구매까지 연결하는 매력적인 비즈니스 모델을 만들 수 있다. 완성차 산업이 라디오를 돌아봐야 할 이유다.

결국은 자율 주행, 승객 경제 시대 라디오의 역할을 고민해야

라디오의 최대 청취 공간이었던 자동차는 지난 100여 년 역사에서 가장 큰 폭의 구조적 변화를 거치고 있다. 내연기관차에서 전기차로의 이행과 테슬라 · 구글 웨이모 · 중국 자동차 업체들이 이끌고 있는 자율 주행, 이 두 가지 혁신 기술은 정해진 미래다. 그리고 카 인포테인먼트 역시 이전과는 전혀 다른 차원에서 재구성될 것이다.

전기차에서 이미 일어난 인포테인먼트 변화는 AM 라디오의 삭제다. 전기차의 고전압 시스템과 전기 모터는 강한 전자기 간섭을 발생시켜 AM 라디오 수신에 지장을 주고, 이에 따라 잡음, 왜곡, 수신 불량 등의 문제가 발생한다. 이런 구조적 문제를 극복하려면 차폐, 필터링, 부품 재배치 등 추가적인 설계 변경이 필요하며, 이는 차량 무게 증가와 배터리 효율 저하, 제조 원가 부담으로 이어진다. 그래서 테슬라, 포드, 폭스바겐, BMW 등은 전기차 모델에서 AM 라디오를 제거하고 있다. 자연재해나 비상 상황에서 AM 라디오를 중요한 정보 전달 매체로 보는 미국 의회는 완성차 제조사들의 이런 움직임을 비판하며 AM 라디오 의무 장착 법안을 추진 중이지만, 대세를 거스르긴 힘들 것이다.

먼 미래 일인 줄 알았는데 어느새 성큼 현실로 다가오고 있는 자율 주행은 AM 라디오 삭제와는 비교할 수 없는 근본적 변화를 불러올 것이다. 자율 주행차에서는 '운전자'라는 개념이 없어지기 때문에 차에 탄 모두가 전방 주시 의무 없이 행동이 자유로운 탑승객(passenger)이다. 인텔(Intel)과 시장 조사 기관 스트레이티직 애널리틱스(Strategic Analytics)는 2017년 제안한 공동 보고서에서 자율 주행 기술이 가져올 새로운 경제 · 산업 구조를 설명하기 위해 '승객 경제(passenger economy)'라는 표현을 제안했는데, 미디어 소비와 수익화의 형태 역시 이렇게 전혀 새로운 틀에서 고민해야 한다.

자율 주행이 아직 도로 위에서 본격적으로 구현되기 전, 모터쇼의 콘셉트 카들이 보여 준 상상력은 빈곤했다. 눈의 자유를 얻은 운전자가 그동안 목말랐던 비디오 소비를 늘릴 것이라는 가설이 가장 쉽게 떠오른 탓인지, 차 안의 유리와 평면들을 모조리 스크린으로 도배해 버린 시도가 많았다. 그러나 '자율 주행 = 오디오의 비디오로의 대체'라는 생각은 자율 주행 시대 카 인포테인먼트의 구조적 변화를 설명하기엔 너무 단순한 결론이다.

운전자가 없어진다는 것은 단순히 손이 자유로워진다는 의미를 넘어서, 주의력이라는 자원이 해방된다는 뜻으로 읽어야 한다. 그동안 자동차는 시각적 콘텐츠를 자유롭게 소비하기에는 한계가 있는 공간이었다. 운전자가 전방을 주시해야 했기 때문에 자연스럽게 라디오가 차량 내 대표적인 미디어로 자리 잡을 수 있었다. 그러나 시선을 도로에서 뗄 수 있는 순간, 자동차는 좀 더 적극적 콘텐츠 소비 공간이 된다. 자동차 안에서 영상을 시청하거나, 업무 회의를 진행하고, 게임이나 오디오북에 몰입하는 일이 가능해진다. 이미 대형 디스플레이, 고성능 오디오 시스템, 인공지능 기반 추천 알고리즘을 갖춘 차들이 출시되고 있다.

이와 같은 변화 속에서 오디오 콘텐츠의 쓰임새는 분화할 것이다. 전방을 주시하면서 듣는 오디오는 배경으로 깔리는 성격이 강했지만, 전방 주시 의무가 약해지면 집중해서 들어야 하는 오디오, 초고음질 오디오 콘텐츠에 대한 수요도 생길 수 있다. 흘려듣기보다는 이야기에 집중하고, 사유에 몰입하는 정도가 강해질 수도 있다. 운전에 신경 쓰면서도 부담 없이 흘려들을 수 있는 포맷을 지향했던 라디오의 역할이 없어지진 않겠으나, 좀 더 몰입해야 하는 밀도 높은 콘텐츠들, 즉 오디오북, 뉴스 요약, 테마형 스토리텔링에 대한 수요가 높아질 것이다. 물론 라디오는 여전히 '실시간성'이라는 강력한 무기를 가지고 있다. 스트리밍이나 팟캐스트로는 대체하기 어려운 라이브 방송의 현장감과 지역 정보 제공 기능은 라디오의 고유한 경쟁력이다. 다만 이런 경쟁력을 유지하기 위해서는, 타깃의 정체성이 운전자보다는 승객이라는 점을 염두에 두고 콘텐츠를 제작해야 할 것이다.

밀폐된 공간인 자동차는 원래부터 가성비 높은 오디오 룸이었다. 차량 내부의 오디오 시스템은 단순 스피커 수준을 넘어, 극장급 몰입감을 제공하는 고성능 설비로 더 진화할 가능성이 있다. 돌비 애트모스(Dolby Atmos)와 같은 3D 입체 음향의 쓰임새도 이전보다 더 키울 수 있다. 단순히 앞이나 뒤에서 들리는 음향이 아닌, 위와 아래, 사방에서 소리가 입체적으로 흘러드는 공간적 청취 경험이 가능해지면서, 오디오는 이제 자동차 안에서 가장 강력한 감각적 콘텐츠로 자리 잡고 있다. 이러한 기술은 음악뿐만 아니라 뉴스, 오디오 드라마, 인터뷰 콘텐츠 등에도 다양하게 응용될 수 있어, 콘텐츠의 질적 체감에도 큰 영향을 줄 수 있다.

자율 주행 기술은 라디오 산업에 큰 위기이자 기회다. 운전대에서 손을 떼는 순간, 청취자들은 이전보다 더 많은 것을 보고 듣고자 할 것이다. 차 안에서 지내는 시간이 단지 이동을 위한 시간이 아닌, 새로운 여가와 몰입의 시간으로 바뀌는 지금, 라디오는 그 존재 이유를 새롭게 설계해야 할 시점에 서 있다.

한 걸음 더

CCNC? MBOS? GAS?

커넥티드 카를 이야기하다 보면 현대기아 CCNC, 벤츠 MBOS, 구글 오토모티브 서비스(GAS) 같은 차량용 운영 체제(Operating System, OS)들이 나온다. 이 책의 목적이 자동차가 아니라 자동차에 탑재된 미디어를 설명하는 것이지만, 이를 위해서라도 어느 정도는 알아야 할 사안들이라 최대한 쉽게 풀어 보겠다.

스마트폰에 운영 체제가 있는 것처럼 바퀴 달린 스마트폰에 비유되는 커넥티드 카도 운영 체제가 필요하다. 애플이 아이폰과 iOS를 함께 설계하듯 자동차 제조사가 운영 체제까지 직접 만들면 하드웨어와 소프트웨어가 자기 옷처럼 딱 들어맞겠지만, 제조에 전문성이 치우쳐 있는 자동차 기업이 자체 운영 체제를 개발하기란 쉽지 않은 일이다. 그래서 마치 안드로이드폰 제조사들이 안드로이드 OS를 가져다 자기 제품에 맞춰 쓰는 것처럼, 완성차 제조사도 강력한 IT 테크 기업의 운영 체제에 의존하는 경우도 많다. 개발과 유지가 쉽지 않지만 자사 제품에 딱 맞는 소프트웨어를 갖춰 제품 안정성과 소프트웨어 주도권을 확보하려는 소위 '아이폰 노선'을 선택한 대표적 사례로는 현대기아차, 벤츠, 테슬라, 토요타, BMW 등이 있다. 한편, 자신 없는 소프트웨어는 과감하게 전문 기업(사실상 구글. 차량용 운영 체제를 광범위하게 상용화한 유일한 빅테크)에 맡기고 제품에 집중하는 '안드로이드의 길'을 택한 자동차 OEM의 예로는 볼보, 르노, 닛산, 혼다, 스텔란티스 등이 있다.

자체 독자 운영 체제의 길을 택한 완성차 OEM들은 ① OEM이 운영 체제를 직접 설계・배포하고, ② 차량 핵심 도메인(인포테인먼트・ADAS 등)을 무선 업데이트(OTA)로 통합 관리하며, ③ 스마트폰처럼 '닫힌'(혹은 OEM 주도) 생태계를 구축하려 한다. 메르세데스-벤츠는 자체 개발한 '메르세데스-벤츠 운영 체제(Mercedes Benz Operating System, MBOS)'를 벤츠의 차세대 플랫폼 MMA와 동시에 출격시켜 소프트웨어와 하드웨어를 말단까지 통제하고, 인포테인먼트뿐만 아니라 파워트레인・차체・편의 장치・자율 주행까지 하나의 커널과 API층으로 묶어 앱과 구독형 기능을 스스로 추가하고 관리한다. 지도와 클라우드는 구글과 협력하되, 핵심 UX와 데이터 파이프는 외부 서버가 아닌 자체 메르세데스 서버에 귀속시켰다. 애플의 아이클라우드(iCloud)에 비교할 만한 'MB

클라우드(MB Cloud)'인 셈이다. 이를 통해 운영 체제 업데이트 주기와 수익 모델, UI 통일성을 모두 완성차 OEM이 제어하는 전략이다. 이런 독자 OS 전략을 위해서는 수년간의 연구 개발, 기업 체질을 바꾸는 수준의 소프트웨어 역량 투자가 필요하다. 실제 같은 전략을 취하고 있는 현대기아차의 양재동 사옥에 가 보면, 여기가 자동차 회사인가 싶을 정도로 소프트웨어 개발자들이 사무실을 꽉 채우고 있다.

'안드로이드의 길'은 카 인포테인먼트 운영 체제를 '안드로이드 오토모티브 운영 체제(Android Automotive Operating System, AAOS)'로 정하고, 그 위에 구글 지도, 구글 음성 비서, 구글 플레이스토어 등 구글의 여러 도구를 자동차용 번들(묶음)로 모아 놓은 '구글 오토모티브 서비스(Google Automotive Services, GAS)'를 얹어 가는 방식이다. 구글 생태계를 옮겨 오고 이미 다양하게 구성되어 있는 번들 앱들을 탑재하면 되기 때문에 빠르게 구축할 수 있지만, 구글 측의 업데이트 일정에 따라야 하고 데이터와 서비스 수수료 일부도 구글에 배분해야 하는 등 소프트웨어 주권과 수익을 구글과 공유해야 한다.

국내에서 쓰이고 있는 '안드로이드형 자동차 운영 체제'의 대표 사례가 볼보의 인포테인먼트 시스템(티맵 인포테인먼트 시스템)이다. 볼보코리아는 구글이 허용한 모듈식 구조 덕분에 지도와 음성 비서는 국내에 적합한 국산 앱들(티맵과 SKT '누구' 음성 비서)로 교체하고, 결제, 앱스토어, 계정, 보안은 구글에 맡기는 식으로 GAS를 선택적으로 활용했다. 결국 '한국 사양 볼보'는 구글 운영 체제 위에 지역 특화 레이어를 얹은 대표적 안드로이드형 자동차 운영 체제 사례로 볼 수 있다.

AI가 뒤집고 있는 제작과 유통, 에이전트를 거쳐야 하는 미디어 소비

라디오를 재정의하고 있는 두 번째 테크놀로지는 역시 AI다. 미리 계획한 알고리즘에 따라 반응하던 기존 AI는 눈에 띄는 반향이 없었지만, 2023년 가을 오픈AI가 촉발한 생성형 AI는 숨 막히는 속도로 발전하며 산업과 사회를 재편하고 있다. AI 혁명은 라디오의 콘텐츠 제작과 유통, 수익화, 그리고 청취자와 만나는 방식을 어떻게 바꿀 수 있을까?

TTS를 넘어 음성 합성, 보이스 폰트, 보이스 클론으로

라디오 업계의 AI에 대한 관심은 TTS(Text-to-speech)로부터 시작되었다. TTS는 텍스트를 사람의 말소리로 재생하는 기술로서 내비게이션이나 대중교통, 아파트 안내 방송 등에 오래전부터 쓰여 왔다. 글만 있으면 사람 없이도 소리 내어 읽어 준다는 개념은 '무인 방송, 방송 자동화'를 상상하게 했다. 하지만 이때까지만 해도 말투가 평이하고 딱딱해서 반복적인 안내 멘트에 제한적으로 활용되는 정도였다. 2000년대 일본에서 위성 DMB를 도입했을 때, 경제 뉴스 채널에서 단신 뉴스 자동화를 시도하며 쓰인 예가 있지만, 방송에서 본격적으로 쓰기에는 많이 아쉬운 수준이었다.

TTS가 한 차원 높은 단계로 도약한 계기는 AI 음성 비서의 등장이었다. 2020년대 들어 아마존 알렉사, 구글 홈, 네이버 클로바, 헤이카카오, 빅스비 등 AI 음성 비서 서비스들이 경쟁적으로 나오면서 음성 인터페이스에 대한 연구 개발이 활발해졌고, 텍스트를 단순히 읽었던 TTS는 인공지능 소프트웨어가 특정인의 목소리를 학습·복제하여 재생하는 보이스 폰트(voice font) 개념으로 확장된다. 보이스 폰트는 디지털로 표준화된 글씨체를 폰트(font)라고

하듯, 특정인의 목소리를 글씨체처럼 만들어 입력된 텍스트를 읽히는 개념이다. 네이버의 '클로바 보이스(Clova Voice)', 네오사피엔스의 '타입캐스트(Typecast)가 대표적인 상품이다.

워드프로세서에서 글의 내용과 목적, 분위기에 따라 적합한 폰트를 골라 쓰듯, TTS를 활용할 때도 목적과 내용에 어울리는 보이스 폰트를 골라 쓰게 된다. 아나운서 오상진의 보이스 폰트는 '네이버 뉴스 읽어 주기 서비스'에 쓰이고, 배우 유인나의 보이스 폰트는 감성적 내용의 오디오북 낭독이나 연애 상담 서비스에 쓰이는 식이다.

보이스 폰트를 만드는 기술은 AI 기술의 발전에 따라 비약적으로 발전하고 있다. 성우 서유리가 삼성의 AI 음성 비서 빅스비의 목소리 보이스 폰트를 제작했을 때는 매일 서너 시간씩 1년에 걸쳐 녹음해야 할 만큼 많은 분량의 목소리 파일이 필요했다고 하는데, 2025년 시점엔 불과 1분 내외의 녹음으로도 특정인의 목소리 아바타를 만들 수 있다. 이런 음성 합성(speech synthesis) 기술이 너무 고도화되다 보니 보이스 피싱 등 범죄에 악용될 우려가 제기될 정도로 기술 발전 속도가 빠르다.

생성형 AI 기술은 이제 정해진 텍스트를 합성된 음성으로 읽는 수준을 훌쩍 뛰어넘어 실시간 대화와 연기의 영역에까지 들어섰다. 감정까지 표현하는 최신 생성형 AI 서비스와 음성으로 대화해 보면, 영화 〈Her〉(2013)의 이야기가 더 이상 허구가 아니라고 생각될 정도다. 라디오 방송사들의 AI DJ 실험 소식이 들리더니 마침내 몇 개월 동안 진짜 인간 DJ인 척 청취자를 속여 온 AI DJ도 나왔다. 호주 시드니 라디오 방송국 CADA는 평일 매일 4시간씩 진행되는 프로그램 〈Thy와 함께하는 하루(Workdays with Thy)〉 진행자 목소리가 사람이 아닌 AI라는 사실을 밝히지 않고 방송을 지속했으나, 한 청취자가 "진행자에 대한 정보를 전혀 찾을 수 없다"라며 의문을 제기하고, 진행자가 특정 표현 발음 시 일정한 소리를 냈다는 음성 분석 결과가 밝혀지자, Thy의 목소리가 인공지능 음성 합성이었다는 점을 인정했다. 청취자들이 이 사실을 알아차릴 때까지는 무려 6개월이 걸렸다. Thy의 목소리는 음성 복제 선두 업체인 일레븐랩스(Eleven labs)의 소프트웨어로 개발한 것이었다.[12)]

12) NDTV(2025.4.25). Australian radio station faces backlash for using AI host without informing listeners. NDTV. https://www.ndtv.com/offbeat/australian-radio-station-faces-backlash-for-using-ai-host-without-informing-listeners-8254354

AI가 기존 오디오 미디어를 대체할 수 있을지 가늠해 볼 수 있는 사례는 또 있다. 구글이 만든 리서치 특화 AI 서비스 '노트북 LM(Notebook LM)'에는 2024년 가을부터 'AI 음성 개요(Audio overview)'라는 기능이 더해졌는데, 문서 자료를 입력하면 이를 요약한 팟캐스트 에피소드를 만들어 준다. 예를 들어 트럼프의 관세 정책에 관한 분석 자료를 업로드하고 'AI 음성 개요' 탭을 누르면, 두 사람의 진행자가 해당 주제를 놓고 묻고 답하는 형식의 팟캐스트가 만들어진다. 실제 돌려 보면 긴 문서의 핵심을 정확하게 파악해 빠른 속도의 대화를 생동감 있게 주고받는 에피소드가 채 1분도 되지 않아 생성된다. 단순히 정보를 나열하는 수준이 아니라, 대화의 완급을 조절하고 추임새까지 넣는다. 듣기만 해서는 도무지 사람이 아닌 소프트웨어가 했다고 믿기지 않는 수준이다. 심지어 듣고 있던 사람이 중간에 끼어들어 질문하거나 의견을 말하면 이를 반영하면서 뒤의 내용을 조절한다. 사전 제작뿐 아니라, 반은 맞춰 놓은 각본을 준비한 상태에서 일부 실시간 제작도 가능하다는 뜻이다.

음성 합성 기술은 이제 인간 진행자의 목소리를 흉내 내는 것을 넘어 스스로 이야기를 만들고, 묻고 답하는 단계로 가고 있다. 이런 기술들을 엮기만 하면, 인간 제작진이 콘텐츠를 만드는 노력과 노하우를 가볍게 뛰어넘는 오디오 콘텐츠를 대량으로 생산할 수 있는 환경이 되었다.

메타데이터 생성 개념 변화

메타데이터란 '데이터에 대한 데이터', 즉 어떤 데이터를 설명하거나 그 속성을 정의하는 정보를 말한다. 예를 들어, 사진 파일의 메타데이터는 촬영 일시, 장소, 조리개값, 촬영에 쓰인 카메라 기종 등이고, 문서 파일의 메타데이터는 작성자, 작성일, 문서 제목 등이다. 그렇다면 방송의 메타데이터는 뭘까? 방송 콘텐츠 본체, 즉 오디오나 비디오 본체에 관한 모든 정보(프로그램 제목, 방송 시간, 출연자 이름, 회차 정보, 포함된 음악 곡명과 아티스트, 장르, 방송국 이름 등)가 방송 메타데이터다. 쉽게 말해 오디오나 비디오 형태인 콘텐츠 본체를 다 듣거나 보지 않고도 어떤 내용이 들어 있는지 파악하기 위한 정보가 메타데이터다. 메타데이터가 있어야 콘텐츠를 편성하고, 관리하고, 검색하고 유통할 수 있다.

과거엔 메타데이터를 얕은 수준, 즉 프로그램 제목, 에피소드 편수, 에피소드 제목과 주제, 방송 일시 등 콘텐츠를 구분할 수 있는 정도로 관리해도 큰 무리가 없었다. 하지만 검색과 큐레이션이 중요한 디지털 시대에는 콘텐츠가 어떤 내용을 담고 있는지 구체적으로 파악할 수 있어야 하므로 메타데이터 수준이 깊으면 깊을수록 좋다. 그래서 디지털 콘텐츠 유통이 시작된 지난 수십 년 동안, 방송사들은 메타데이터 수준을 높이기 위해 많은 자원을 투입해 왔다. TV의 경우, 사람이 직접 콘텐츠 전체를 보면서 에피소드 주제, 코너 주제, 주요 등장인물, 키워드를 뽑아내어 키워드로 태깅하는 지난한 작업을 오랫동안 해 왔다. 물론 영국 BBC 등 방송 기술을 선도하는 글로벌 미디어 기업은 이미 수년 전부터 메타데이터 자동 추출 소프트웨어(AI 소프트웨어가 영상을 프레임 단위로 인식하면서 이런 키워드를 뽑아내는 방식)를 도입했다고 하지만, 여전히 다수 방송사는 사람의 수작업에 의존하거나, 제작진 입력 수준에서 메타데이터 태깅(콘텐츠 본체에 메타데이터 추가하기)을 끝내 왔다. 2차 유통이 많고 매출이 큰 TV가 이런 상황이라면, 실시간 방송 위주인 라디오는 어땠을까? 국내에서 팟캐스트 에피소드 세부 정보를 가장 자세하게 넣는 MBC 라디오 시사 프로그램조차 제작진이 입력하는 내용 이상의 메타데이터 보강은 쉽지 않다. 이런 상황이다 보니, 라디오 방송사 콘텐츠는 방송 사후에 별도 인력이 투입되어 메타데이터를 보강하는 TV에 비해 검색과 큐

표 4-1. 오디오 메타데이터 생성의 패러다임 변화 비교

메타데이터	기존	AI 전사
형태	키워드나 단문	전문 텍스트, 요약문, 비언어 요소에 대한 묘사
생성 시점	방송(수용자에게 최초 공개 시점) 전 또는 사후	오디오 파일 완성 직후 한 번에 생성(라이브인 경우 실시간 생성)
작업자	제작진 또는 전문 인력(고용 비탄력적)	AI 음성 인식 소프트웨어(유연하게 운영 가능한 클라우드 서비스)
생성 주체	콘텐츠 공급자	콘텐츠 공급자는 물론 고객 접점 플랫폼도 가능

레이션이 약할 수밖에 없었다.

그런데 AI 오디오 전사(audio transcription: 오디오의 말소리를 소프트웨어가 인식하여 받아쓰기하는 기술)와 요약 기술이 비약적으로 발전하면서, 오디오 콘텐츠의 메타데이터 수준을 혁명적으로 높일 수 있게 되었다. 최신 AI 오디오 전사 기술은 오디오 파일을 입력받아 그 내용 전체를 텍스트 원고로 뽑아 준다. 여기에 더해 생성형 AI가 이를 요약하고 핵심 주제, 출연자 정보 등 주요 필드를 생성할 수도 있다. 이렇게 완벽한 메타데이터가 만들어지는 시간은 거의 순식간이다. 제작진이 기억에 의존해 키

워드를 입력하거나, 다른 사람이 사후에 들어 보고 키워드를 태깅하는 기존 방법으로는 충분한 메타데이터를 만들 수 없을 뿐만 아니라 내용의 일관성 유지도 어렵다. 사람이 하는 일이다 보니 작업 마감이 늦거나 건너뛰는 경우도 생긴다. 반면 AI에 의한 전사와 요약은 콘텐츠 메타데이터 생성의 패러다임을 바꿔 기존 방식의 한계와 문제점을 지워 버린다.

오디오 메타데이터 생성의 패러다임 변화(표 4-1)에서 중요한 것은 가공할 자동화 속도와 규모만이 아니다. 메타데이터를 누가 만드느냐(생성 주체)도 주목해야 한다. 기존에는 보통 콘텐츠 공급자가 콘텐츠와 메타데이터를 모두 만들어서 고객 접점 플랫폼에 보내 주는 것이 일반적이었다. MBC 같은 콘텐츠 공급자가 메타데이터를 항목(필드)별로 만들어서 갖고 있다가, 고객 접점 플랫폼들 각자가 요구하는 메타데이터 항목들을 선택적으로 보내는 방식이다. 이 경우 콘텐츠 공급자가 다양한 필드의 메타데이터를 자세히 갖추고 있을수록, 다양한 고객 접점 플랫폼들에 두루두루 충실한 메타데이터를 공급해 최종 콘텐츠 소비 단계에서 검색과 큐레이션 수준을 높일 수 있었다. 이런 구조에서는 메타데이터가 콘텐츠 공급자의 자원이며 콘텐츠 공급자 간 비교 우위를 만들어 내는 요소일 수 있었다. 그런데 AI에 의한 메타데이터 생성에서는 메타데이터의 생성과 소유 주체가 콘텐츠 공급자가 아닌 고객 접점 플랫폼인 경우도 생길 수 있다. 콘텐츠 본체(오디오)만 있어도 쉽게 메타데이터를 만들 수 있기 때문에, 굳이 콘텐츠 공급자가 보내 주는 메타데이터에 의존할 필요가 없기 때문이다. 고객 접점 플랫폼은 콘텐츠 공급자들과 메타데이터 형식을 맞추거나 공급받은 메타데이터 수준이 낮아 속앓이할 필요 없이, 자신이 원하는 수준과 형식의 메타데이터를 생성해서 검색과 큐레이션의 질을 높이는 게 더 낫다고 판단할 수도 있다. 넷플릭스와 유튜브가 검색과 큐레이션에 강한 이유는 크리에이터가 자세한 메타데이터를 입력해서가 아니다. 크리에이터가 자사 서버에 올린 콘텐츠를 AI로 꼼꼼하게 뜯어봐서 뭐가 들어 있는지 완벽하게 파악하고 있기 때문이다.

콘텐츠 기업들이 각자 구축해 온 재래식 아카이빙 체계와 메타데이터 업무 레거시를 쉽게 바꾸지 못하는 사이, 유튜브 같은 거대 고객 접점 플랫폼들은 최신 기술을 발 빠르게 적용해 콘텐츠를 만든 쪽보다 오히려 콘텐츠를 더 잘 파악하게 되었다. 심지어 이들은 고객 접점에 있기 때문에 고객 데이터도 세밀하게 확보하고 있다. 결국 AI에 의한 메타데이터 생성 기술은 콘텐츠와 고객 양쪽 모두를 완벽히 이해하고 있는 고객 접점 플랫폼을 더 강력한 존재로 만들 가능성이 크다.

예전에는 유튜브처럼 자체 서버에 콘텐츠를 모두 담고 있는 플랫폼만 콘텐츠 메타데이터 장악력을 가졌지만, AI 음성 인식 기술이 매우 가벼워진 지금은 애플 팟캐스트처럼 콘텐츠의 길목만 지키는 플랫폼들도 메타데이터를 쉽게 추출해서 자산으로 삼고 활용할 수 있다. 실제로 애플은 2024년 3월 iOS 17.4 업데이트에서 자체 AI 솔루션 '애플 인텔리전스(Apple intelligence)'를 통해 구현된 '팟캐스트 전사문(podcast transcription)' 기능을 발표했다. 이 전사문은 에피소드가 공개된 후 자동으로 생성되는데, 사용자는 에피소드의 전체 텍스트를 확인하거나 특정 단어나 문구를 검색하고 원하는 부분부터 재생할 수 있다. 전사문 내용은 팟캐스터가 입력하는 메타데이터(에피소드 노트)보다 훨씬 자세하고 강력한 메타데이터로서 사용자에게 큰 편익을 제공하는 기반이 될 것이다.

365일 24시간 많은 양의 콘텐츠를, 그것도 실시간 비중이 높은 콘텐츠들을 쏟아내는 라디오 방송의 경우, 인력과 시간의 한계를 안고 있는 재래식 방법으로는 높은 수준의 메타데이터를 만들어 내는 것이 불가능하다. 그렇다고 디지털 유통 시대에 메타데이터를 만들지 않을 수도 없다.

사람이 콘텐츠를 살펴 키워드를 입력하는 방식에서 AI 전사 체제로 전면 개편하거나, 고객 접점 플랫폼 쪽에 완벽하게 의존하거나 선택해야 할 시점이 다가왔다.

한편, AI 전사(음성 → 텍스트)와 음성 합성(텍스트 → 음성)을 결합해 콘텐츠 제작 구조에 근본적 변화를 준 사례도 있다. 2017년, 전 그루폰(Groupon) CEO였던 앤드루 메이슨(Andrew Mason)은 '오디오 · 영상 편집을 구글 문서 도구만큼 직관적으로'라는 목표로 디스크립트(Descript)를 창업했다. 디스크립트는 텍스트를 오디오로, 오디오를 텍스트로 바꾸는 두 가지 기술을 한 흐름 위에 결합, 오디오 편집을 마치 워드 문서처럼 수정하고 첨삭할 수 있게 한 서비스다. 사용자가 팟캐스트나 인터뷰 파일을 올리면 거의 실시간 수준으로 대본이 완성되고, 이 대본을 지우거나 옮기는 행위가 곧바로 오디오 · 비디오 타임라인 편집으로 이어진다. 또 여기에 '오버더브(Overdub)' 음성 합성 기능을 결합, 출연자가 잘못 읽은 단어 · 숫자 · 고유명사를 키보드로 고쳐 쓰는 것만으로 자연스럽게 덮어씌울 수 있다. 이때 실제 녹음본과 합성음이 같은 트랙 안에서 매끄럽게 이어지기 때문에 번거로운 재녹음 없이 편집만으로 오디오 교정이 가능하다. 디스크립트의 사례는 AI가 콘텐츠 제작 방식을 어떻게 바꿀 수 있는지를 실감 나게 보여 준다. 한 번의 녹음본을 기반으로 '텍스트를 고치면 곧바로 음성이 바뀌는' 이상적인 워크플로를 구현함으로써, 녹음 전과 후의 경계를 허무는 혁신 모델을 제시한 셈이다. 앞으로 음성 기반 미디어가 AI와 만나는 모든 지점에서, 디스크립트의 통합형 접근 방식은 중요한 참고 사례가 될 것이다.

한 걸음 더

아카이빙, 콘텐트 게이트웨이, 콘텐츠 유통 솔루션

메타데이터를 좀 더 큰 맥락에서 이해하기 위해서 알아야 할 것들이 있다. 첫 번째는 아카이빙(archiving)이다. 콘텐츠를 다루는 미디어 회사들은 대부분 '아카이브(archive)' 관련 조직을 갖고 있을 만큼 필수적인 일이다. 아카이빙은 콘텐츠를 체계적으로 정리하여 보관하는 일인데, 그 주된 업무는 두 가지다.

① 콘텐츠를 꺼내 쓰기 쉬운 형태로 만들어 저장

② 콘텐츠에 대한 메타데이터를 생성하고, 이를 콘텐츠 본체에 덧붙이기

만들어진 콘텐츠를 갈무리하는 이유는 또 다른 콘텐츠를 만드는 재료로 쓰거나, 콘텐츠를 필요로 하는 곳에 B2B 또는 B2C로 보내 주기 위해서다. 아카이브는 전자의 역할을 위해 콘텐츠를 세밀하게 검색하고 신속하게 뽑아 쓸 수 있도록 만들어져야 하고, 후자의 역할을 위해 콘텐트 게이트웨이(Content Gateway: 콘텐츠를 복수의 외부 플랫폼에 맞춤한 형태로 자동 변환하여 보내는 시스템)나 사사 고객 접점(웹사이트 등)과 유기적으로 연동될 수 있어야 한다. 매출에서 광고는 줄고 2차 유통이 늘어난 TV 방송은 제작 ↔ 아카이빙 → 콘텐츠 게이트웨이의 흐름을 자동화 · 효율화하는 데 많은 자원을 투입해 왔다. 그러나 여전히 실시간 지상파 광고 매출 의존도가 높은 라디오는 2차 유통 창구가 가끔 발생하면서 그때마다 필요한 조치를 해 왔기 때문에 내부 유통 체계가 빈약하거나 난개발된 상태다. 자사 웹사이트를 만들면서 조금, 스트리밍 플레이어를 붙이면서 조금, 팟캐스트 유통이 생기면서 또 조금, 유튜브 공급을 시작하면서 또 조금, 이런 땜질식 대응이 겹겹이 쌓인 것이 대부분 라디오 방송사의 현재 유통

시스템 상황이다. 이를 재정비하려면 다음 몇 가지를 염두에 두어야 한다.

① 제작부터 고객 접점 플랫폼, 최종 소비자 경험까지 전체 맥락을 고려한 넓은 시야의 기획
② 기업 역량에 맞는 솔루션 선택: 인하우스 개발 vs 아웃소싱 개발 vs 상용 솔루션 활용
③ 라디오는 TV의 축소판이 아니라 특성이 다른 매체라는 인식

이 중 특히 강조하고 싶은 것이 ②번이다. 디지털 시대의 미디어 사업자는 급변하는 기술 환경, 외부 플랫폼의 다양성과 디바이스 운영 체제의 끝없는 업그레이드에 대응하면서도 문제 발생 시 발 빠르게 유지·보수할 수 있어야 한다. 이를 내부에서 지속적으로 감당할 자신이 있을 때는 내부 개발을 감행해도 되지만, 그렇지 않다면 아웃소싱 개발이나 상용 솔루션 활용 역량에 집중하는 것이 낫다. 라디오 단독사는 영세하기 때문에 그렇고, TV 겸영사의 라디오 부문 역시 사내에서 투자 우선순위가 밀릴 수밖에 없기 때문이다. 특히 가장 피해야 할 것은 '무늬만 인하우스 개발'이다. 프로젝트 껍질은 인하우스 개발인데, 실

제로는 상당 부분이 하청 개발인 경우, 작은 회사가 작은 회사에 하청을 주다 보니 중요 실무자 한 명만 결원이 나도 업그레이드는커녕 유지・보수도 안 되어 프로젝트 자체가 불용화되는 경우가 허다하다. 자체 개발을 했더라도 회사가 작다 보니 핵심 노하우와 암묵지를 머리에 담고 있는 직원 한두 명이 이탈하면 또 불용화된다. 의사 결정자는 '최초 개발', '자체 개발', '기술 종속 방지'라는 허울 좋은 타이틀에 현혹되면 안 된다. 그보다는 '지속적인 업그레이드 가능성'을 가장 우선적 기준으로 삼아야 한다. 현재 글로벌 차원에서 보면 라디오 방송사들의 제작 유통 시스템은 사실상 전문 솔루션 업체의 서비스형 소프트웨어(Software as a Service, SaaS: 소프트웨어를 설치하지 않고 인터넷을 통해 구독형 서비스로 이용하는 방식)들을 잘 조합해서 쓰는 추세다. 기술 변화가 빠르고 대응할 플랫폼이 많은 환경을 영세한 콘텐츠 홀더가 헤쳐 나가는 데는 그것이 더 적합할 수밖에 없기 때문이다.

자동 번역과 보이스 클론: 음성 콘텐츠의 국경 붕괴

더빙과 자막을 통해 콘텐츠가 국경을 넘나들고 수출입이 활발한 영상 콘텐츠와 달리, 말로 이뤄지는 음성 콘텐츠는 언어 장벽이 곧 진입 장벽으로서 언어권별로 시장이 형성되었다. 미국, 영국, 호주, 캐나다, 뉴질랜드, 남아프리카 공화국 등 넓은 지역에 많은 인구를 갖고 있는 영어권은 라디오 기업이 여러 국가에 걸쳐 사업을 하기도 하고, 팟캐스트 킬러 콘텐츠가 글로벌 히트를 치는 경우도 있다. 하지만 공용어권에 속하지 않는 한국이나 일본의 라디오 방송과 팟캐스트는 아무리 잘해도 내수, 지역 비즈니스에 머무를 수밖에 없었다. 그런데 생성형 AI가 음성 미디어의 이 오랜 속성을 무너뜨릴 가능성을 보여 주기 시작했다. 진행자가 한국어로 방송하면, AI가 이를 바로 다른 언어로 번역하고, 번역된 내용을 바로 그 진행자의 목소리로 합성해 내는 것이 가능해졌기 때문이다. 이를 실제 실행해 보면 마치 진행자가 여러 언어를 능숙하게 말할 수 있는 사람처럼 목소리 음색은 물론 억양도 유사하게 재현된다. 번역에 걸리는 시차도 점점 단축되어 실시간에 가까워지고 있다. 최신 유행어나 유머 코드가 많다면 번역이 깔끔하기 어렵지만, 정보 전달 중심의 건조한 내용이라면 지금 당장 써도 큰 문제가 없는 수준이다. 번역의 질과 음성 합성의 완성도는 결국 시간이 해결해 줄 것이고, 그 시간은 생성형 AI의 발전 속도에서 봤듯이 우리의 예상을 늘 앞서간다.

음악뿐만 아니라 팟캐스트 플랫폼으로서도 세계 1, 2위를 다투는 스포티파이(Spotify)는 이미 2023년 9월부터 오픈AI와 협업해 '팟캐스터를 위한 음성 번역(Voice Translation for Podcasters)' 파일럿 프로그램을 시도했다. 진행자가 영어로 녹음한 팟캐스트를 AI가 즉시 다른 언어로 번역하고, 동일한 화자의 음성으로 재생하는 서비스다. 스포티파이는 영어권의 일부 인기 팟캐스트를 스페인어, 프랑스어, 독일어로 제공하는 테스트를 시작해 '영상처럼 수출되는 오디오'의 가능성을 증명하고 있다. 한국과 일본은 라디오 방송의 포맷 유사성이 크고, 어순이 같다. 영어권 라디오와 팟캐스트는 장르가 다양하고 양이 엄청나다. 한국과 한국 대중문화에 대한 세계의 관심은 우리의 지난 역사 그 어느 때보다도 높다. 언어 장벽이 사라진 음성 미디어 시장이 영상 시장처럼 활발하게 교류하게 된다면, 말 그대로 위협과 기회가 공존하는 역동적인 위기(危機)가 될 것이다.

AI로 강화되는 디지털 오디오 광고 기술

국내 지상파 라디오 광고는 정해진 자리(프로그램의 전반부, 중간 SB, 후반부, 시보 앞 등)에 정해진 분량(20초)으로 넣어야 하고, 한국방송광고공사 등 지정된 미디어렙을 통한 청약, 취약 매체 결합 판매 의무, 업종 규제, 내용 심의 등 여러 경직적인 제약 아래 놓여 있다. 라디오와 TV를 아우르는 개념인 '지상파 방송'에 대해 수년 전부터 가상 광고와 간접 광고가 허용되었지만, 이들 규제 완화책은 TV 화면을 전제로 구성된 개념이라 라디오에는 구조적으로 적용할 수 없다(화면이 없으므로 가상의 광고를 띄울 수도, PPL을 배치할 수도 없다). 라디오에 맞는 간접 광고는 대체 뭘지, 규제를 허용한 쪽도 규제를 받는 쪽도 도무지 알 수 없는 황당한 규제 완화이자, 신유형 광고다. 라디오 업계는 해외에서 일반화된 '라이브 리드(live read)'–진행자나 DJ가 방송 도중 광고 문구를 즉석에서 자신의 목소리로 읽어 주는 형식의 라디오 광고–를 줄기차게 요구해 왔지만, 신규 지하철 착공 소식처럼 매번 헛바람만 넣은 채 해를 넘기고 있다. 라이브 리드는 녹음된 스폿 대신 생방송 논평으로 전달되기 때문에 프로그램 흐름에 자연스럽게 녹아들고 진행자의 개인적 추천 효과가 더해져 신뢰도가 높다는 점이 특징이다. 이런 세월이 쌓이고 쌓이는 사이 디지털 강국 한국의 나머지 매체들은 규제가 최소화된 상태에서 첨단 디지털 기술로 무장하며 광고주의 기술 기대치를 높여 놨고, 어느새 한국 라디오는 한국에서 가장 후진적인 광고 형태와 판매 체계를 가진 매체로 남겨졌다.

한국 라디오 광고를 꽁꽁 묶어 놓은 것은 정부 규제뿐만이 아니다. 디지털 라디오도 도입되지 않고, 채널 스트리밍도 영세한 방송사 각자의 플레이어로 하다 보니 디지털 매체인 스트리밍의 광고마저 아날로그 방식으로 판매되고 운영되는 '무늬만 디지털 음성 광고'로 제자리걸음 중이다. 한편, 규제도 유연하고, 디지털 라디오도 도입됐고, 통합 플랫폼도 구축됐고, 팟캐스트도 힘을 더하는 영미권에서는 라디오 광고, 팟캐스트 광고, 음악 서비스 광고 시장을 넘나드는 디지털 음성 광고 생태계가 생겨났고, 관련 기술 · 솔루션 · 플랫폼이 발달하고 있다. 네이버, 페이스북, 유튜브 등 디지털 광고 생태계와 유사한 환경이 음성 광고 시장에도 조성되고 있는 것이다.

영미권의 음성 광고 생태계는 디지털로 이행하면서 광고 제작과 집행 방식이 근본부터 달라지고 있다. 그 핵심은 실시간으로 광고를 갈아 끼우는 '동적 광고 소재 삽입

(dynamic ad insertion)'과 데이터 기반 자동화 매체 구매 방식인 '프로그래머틱 바잉(programmatic buying)'이다. 프로그래머틱이란 쉽게 말해 '광고를 소프트웨어 경매로 사고파는 방식'이다. 사람들이 직접 만나 광고 가격을 흥정하고 소재 파일을 전달하던 과정을 데이터와 알고리즘이 대신한다는 점이 핵심이다. 이는 매체를 대변하는 '광고 판매자 플랫폼(Sell-Side Platform, SSP)', 광고주를 대변하는 '광고 수요자 플랫폼(Demand-Side Platform, DSP)', 그리고 데이터로 정리된 양측의 요구가 만나 거래로 맺어지는 '자동 광고 경매장(Ad Exchange)'으로 구성된다. 독자의 이해를 돕기 위해 프로그래머틱의 작동 과정을 예로 들어 설명해 보겠다.

① 광고주(또는 대행사)가 DSP에 원하는 조건 설정: "1회 노출당 50원까지 지출 가능, 25~35세 축구 팬에게 노출"

② 매체 이용자가 웹 · 앱 · 라디오 스트림을 열면 광고 위치(인벤토리)가 '광고 수요자 플랫폼(SSP)'을 통해 '경매장(Ad Exchange)'에 올라감

③ '광고 수요자 플랫폼(DSP)'들이 0.1초 미만으로 자동 입찰 → 가장 높은 입찰가가 승리

④ 청약에 성공한 광고 파일이 즉시 디지털 스트림에 삽입되어 매체 이용자가 맞춤형 광고를 보거나 듣게 됨

이렇게 거래와 소재 운영을 디지털 방식으로 운영하게 되면, 광고주 입장에서는 타기팅 정밀도를 높일 수 있고, 광고를 실시간 최적가에 살 수 있으며, 청약 한 번으로 많은 매체에 광고할 수 있다. 매체 입장에서도 광고 가격을 탄력적으로 운영해 인벤토리 소진율을 높일 수 있고, 광고 영업에 드는 거래 비용을 대폭 줄일 수 있다. 이런 장점 때문에 다수 매체가 디지털 광고 방식으로 넘어갔지만, 안타깝게도 국내 음성 광고는 아직 그에 맞는 디지털 생태계를 꾸리지 못한 상태다. 반면 영미권에서는 팟캐스트와 스트리밍부터 시작된 디지털 음성 광고 생태계가 지상파 라디오로까지 확장하는 방식으로 발전하고 있으며, 최근 일본도 이런 흐름에 올라타고 있다.

디지털 음성 광고는 최근 생성형 AI 적용을 통한 진화를 준비하고 있다. 핵심 메시지만 정해 주면 AI가 카피를 쓰고 배경 음악과 보이스 폰트를 골라 빠른 시간 내에 많은 소재를 자동으로 만들 수 있게 되었고, 이는 언제 · 누가 · 어떤 콘텐츠를 듣는지에 따라 소재를 달리하는 것을 가능케 하고 있다. 또 음성 인터페이스로 작동할 수 있는

스마트 스피커와 카 인포테인먼트 시스템에서는 일방적으로 듣는 광고를 넘어 대화를 통해 이용자 니즈를 더 정교하게 파고들거나 구매로까지 연결하는 '상호 작용형 음성 광고(interactive voice ads)'도 시도되고 있다. 생성형 AI가 더해진 디지털 오디오 광고 생태계는 광고 상품을 새로 발명한다기보다 광고 생산 · 유통 · 측정의 속도를 맞춤형 콘텐츠 수준으로 끌어올려 전통 라디오 광고의 한계를 허무는 중이다.

답답하던 음성 비서, 'AI 에이전트'로 진화하면 생길 일

2014년 아마존이 알렉사(Alexa)라는 이름의 음성 비서 서비스와 이를 탑재한 스마트 스피커를 내놓으면서 말로 지시하고 원하는 결과를 얻을 수 있는 음성 인터페이스가 큰 기대를 모았다. 음성 비서의 시초는 2011년 애플이 아이폰에 탑재한 '시리(Siri)'지만, 아마존 알렉사는 화면 없이 마이크와 스피커만으로 소통하는 디바이스로서 음성 비서 기능을 핵심으로 내세웠기 때문에 음성 비서가 주목받고 활용되는 실질적 계기가 되었다. 아마존 프라임 멤버십을 통해 미국 가정의 온라인 소비를 장악하고 있던 아마존은 원가에도 못 미치는 저렴한 가격으로 알렉사 스피커

그림 4-9. 아마존의 음성 비서 알렉사가 탑재된 디바이스, 에코 닷(Echo dot)과 에코 쇼(Echo show)
이미지 출처: https://www.amazon.com/

를 대량 보급했고, 집 안의 고정된 자리를 차지한 알렉사 스피커는 미국인들의 일상으로 스며들었다. 알렉사 출시 2년 뒤 구글이 구글 어시스턴트(Google Assistant)와 구글 홈(Google Home) 스피커들을 출시하며 음성 비서 시장에 뛰어들었고, IT 강국 한국 또한 이 흐름에 적극 가세했다. 네이버, 카카오 등 강력한 토종 IT 플랫폼들과 유선 인터넷-모바일-IPTV를 결합한 3대 통신사들은 2016년,

2017년 두 해 동안 무려 4개나 되는 음성 비서와 스마트 스피커를 쏟아냈다.

음성 비서(Voice Assistant)는 사용자의 음성 명령을 인식하고, 이에 따라 정보를 제공하거나 기기를 제어하는 소프트웨어 기반의 인공지능이다. 스마트 스피커와 스마트폰은 물론 기타 지능형 가전(스마트 TV, 냉장고, 로봇 청소기 등)과 커넥티드 카에도 내장되어 쓰인다. 사용자는 자연어로 질문하거나 요청을 전달하며, 음성 비서는 이를 이해하고 적절한 응답이나 작업을 수행한다. 아마존 '알렉사', 애플 '시리', '구글 어시스턴트' 등 글로벌 빅테크의 음성 비서들은 영미권과 유럽의 표준처럼 쓰이고 있고, 삼성의 빅스비도 갤럭시 스마트폰과 삼성 제품들을 따라 전세계적으로 넓게 퍼져 있다. 국내 통신사와 테크 기업의 음성 비서들(네이버 클로바, 카카오 i, SKT 누구, KT 기가지니)은 국내와 일본(네이버 클로바)에서 활용되어 왔다.

생성형 AI 이전의 음성 비서는 초기 보급률이 매우 높았던 것에 비해 사용이 활발하게 지속되지 못했다. 음성 인식에 오류가 적지 않았고, 정해진 키워드에 정해진 답변을 반복하다 보니 사용자들이 빠르게 실망했다. 도입 후 거의 10여 년이 지나도록 날씨나 교통 정보 같은 간단한 정보 제공, 단순 검색, 연동된 IPTV나 스마트홈 전자 제품

제어, 음악 재생 등 정해진 키워드로 정해진 역할을 수행하는 수준에서 몇 걸음 나가지 못했다. 음성 비서에 대한 실망이 길어지면서 공급사들이 해당 사업을 축소하거나 정리하기 시작하던 즈음, 수십 년에 걸쳐 지지부진한 연구만 계속되던 AI 분야에서 생성형 AI 혁명이 시작됐다. 콕 짚어 줘도 맘에 들까 말까 한 답을 주던 기존 음성 비서와 달리, 챗GPT 등 생성형 AI는 점점 더 '개떡같이 말해도 찰떡같이 알아듣는' 신공을 보여 주기 시작했다. 이런 기술들이 기존 음성 비서들을 개선할 것은 정해진 순서다. 예상대로 애플은 '시리'를 '애플 인텔리전스'로 이름을 바꿔 그 차별성을 강조하며 내놓고 있고, 아마존 알렉사는 알렉사 플러스(Alexa plus), 구글은 제미나이가 보강된 구글 홈을 발표했다. 생성형 AI 기술로 업그레이드된 음성 비서는 단순한 명령 수행을 넘어 보다 자연스럽고 지능적인 상호작용이 가능한 존재이므로, 그간 기대에 못 미쳐 지체되어 있던 음성 인터페이스의 활용을 크게 높일 것이다. 이제까지 우리가 써 왔던 '기계와의 대화법' 인터페이스는, 배워야 쓸 수 있는 키보드부터 시작해서 점점 더 직관적인 방법인 마우스, 터치스크린으로 발전해 왔고, 드디어 가장 궁극적 형태의 인터페이스인 말소리가 쓸 만한 수준에 이르게 된 것이다.

사람처럼, 때로는 사람보다 더 내 말과 의중과 맥락을 잘 이해하는 '생성형 AI 음성 비서'는 여러 미디어 중에서도 음성 미디어의 이용과 콘텐츠 생성 방식에 큰 영향을 미칠 수 있다. 우선 콘텐츠를 고르는 방식이 달라진다. 기존에는 내가 듣고 싶은 최종 목적 콘텐츠에 대한 지식을 어느 정도 가지고 있는 상태에서 시작, 플랫폼(예: FM 라디오, 음악 서비스 멜론, 유튜브 뮤직)을 고른 후 콘텐츠 공급자(예: MBC, 카카오엔터)가 미리 배열(편성 또는 큐레이팅)한 콘텐츠 묶음(채널 또는 플레이리스트) 중에서 선택해서 듣거나, 좀 귀찮지만 원하는 콘텐츠(예: 라디오 채널, 팟캐스트 쇼나 에피소드, 개별 음악)를 검색해 들었다. 스마트폰이나 PC를 조작할 수 있는 상황이면 후자처럼 적극적 선택 노력을 하겠으나(린포워드 미디어 소비), 운전 · 집안일 · 운동 등 다른 일을 병행하면서 들어야 한다면 전자처럼 소극적 선택에 머물러야(린백 미디어 소비) 한다. 하지만 '생성형 AI 음성 비서'의 도움을 받으면 내가 어떤 상황에 있든지 내 의사를 좀 더 적극적으로 반영해 콘텐츠를 선택할 수 있다. 마치 충실한 비서가 내 의중을 세심하게 묻고 살펴서 내 맘에 쏙 드는 콘텐츠를 고르고 엮어 주는 것처럼 말이다. 듣고 싶은 게 명확하면 그것을 정확히 찾아서 들려주고, 청취자의 기억이나 욕구가

표 4-2. 생성형 AI로 강화된 음성 비서의 도움을 받는, 운전 중 청취 시나리오 예시

상황 첫 번째	평일 오후 4시 반, 서울 시내 운전 중에 주식 마감 시황 등 경제 뉴스가 궁금
① 운전자 지시	이 시간 방송 중인 경제 프로그램의 존재를 알 필요 없이, "최신 경제 뉴스가 궁금해" 지시
② 음성 비서의 답변과 행동	현재 KBS1 라디오에서 <경제쇼>가 방송 중이고, 원하면 이 방송의 유튜브를 찾아 맨 앞으로 돌려서 들려줄 수도 있으며, 이미 방송이 끝난 경제 프로그램 중 가장 최신 에피소드를 팟캐스트나 유튜브로 들려줄 수 있고, 신문사들의 최신 경제 뉴스를 찾아서 읽거나 요약해 주겠다고 제시
③ 양쪽의 추가 대화를 통해 목적 콘텐츠 선정, 청취	
상황 두 번째	운전 중 특정 음악을 듣고 싶지만, 정확한 제목이 생각니지 않음
① 운전자 지시	"드라마 <나의 아저씨>에서 나오던 아주 낮은 목소리의 남자 가수 노래 들려줘, 원래 옛날 노래를 다시 부른 것인데…."
② 음성 비서의 답변과 행동	"심수봉이 불렀던 <백만 송이 장미>를 리메이크해서 고우림이 부른 곡이 그 드라마에 들어 있습니다. 원하시는 곡이 맞습니까?"
③ 운전자가 맞다고 확인하면 재생, 아니라면 추가 대화와 탐색	
상황 세 번째	운전 중 콘텐츠 큐레이션 요청
① 운전자 지시	"가는 시간 동안 다 들을 수 있는 팟캐스트, 최신 경제 프로그램들 이어서 들려줘." "지금 ≪중앙일보≫ 웹사이트에서 헤드라인들만 쫙 읽어 줘." "읽지 않은 카톡, 광고 빼고 중요한 것들만 요약해 줘."
② 음성 비서의 답변과 행동	운전자 지시를 수행하여 모두 오디오로 들려줌

희미한 경우에도 최선의 선택으로 이어지도록 큐레이션과 탐색을 도와주는 것이다. 예를 들어 표 4-2와 같은 청취 시나리오가 가능해진다.

여기서 '생성형 AI 음성 비서'로 표현했던 것에 좀 더 자발적 결정 능력이 강조되면 요즘 화두가 되는 'AI 에이전트(AI Agent)'가 된다. 2025년 8월 시점에 우리가 쓰고 있는 챗GPT 등 생성형 AI 서비스들은 구체적으로 질문하고 지시해야 액션이 일어나지만, 그다음 단계인 'AI 에이전트'는 최소의 지시만 하면 이를 실행할 방법을 스스로 찾는다. 신참 비서에게 일을 시킬 때는 어디서 어떻게 일을 할지까지 말해 줘야 하지만, 경험 많은 고참 비서는 어떤 방법으로 문제를 해결할지 굳이 묻지 않고 어떻게든 결과를 가져오는 것에 비유할 수 있다. 해외여행을 준비한다고 할 때, 현 단계의 생성형 AI 도구는 관련 준비에 대한 정보(숙소는 어디서, 항공편은 어디서, 데이 트립은 어떤 것을 예약할지)까지는 제공하지만, 이들을 실제 예약하는 것은 내가 직접 해야 한다. 그러나 AI 에이전트는 내가 언제 어디로 어떤 목적과 스타일로 여행 가겠다 정도만 알려주면, 앞뒤 맥락을 파악하고 중간 단계의 결정과 액션을 알아서 처리해 최종 결과물을 제시한다. 그 과정에서 중요한 차이를 만들 수 있는 결정이 있을 때만 내게 승인받을 뿐, 세부 의사 결정은 알아서 하는 것이 AI 에이전트의 개념이다.

오픈AI, 클로드, 퍼플렉시티, 구글 등 AI를 이끌고 있는 주체들이 모두 2025년 이후 당면 목표로 삼는 것이 바로 AI 에이전트다. 우리 일과 삶의 구석구석까지 AI 에이전트가 관여하는 세상이라면, 이제 콘텐츠 수용자와 공급자 사이에도 당연히 AI 에이전트가 존재할 것이라 전제하고 미디어 사용 경험과 비즈니스를 설계해야 한다.

AI에이전트가 오디오 미디어 소비 과정에 개입하면, 내 콘텐츠의 경쟁 상대가 크게 늘어난다. AI 에이전트는 수용자 의도에 부합하는 콘텐츠를 찾아 라디오 채널들뿐만 아니라 팟캐스트, 영상물의 오디오 트랙, 오디오북까지 모두 뒤질 수 있다. 심지어 적합한 콘텐츠가 텍스트 형태로만 있다면 바로 읽거나, 요약해서 읽거나, 번역해서 읽거나, 앞서 노트북 LM 사례에서 보듯 오디오 콘텐츠로 만들어 들려줄 수 있다. 오디오 콘텐츠는 비디오 콘텐츠에 비해 훨씬 쉽고 빠르게 생성할 수 있기 때문에 이미 존재하는 것들뿐만 아니라 아직 존재하지 않는 것까지 경쟁 상대가 될 수 있다. 표 4-2에서 예로 들었던, 오후 4시 반에 운전하는 상황을 떠올려 보자. 운전자가 '최신 경제 뉴스, 특히 주식 시황이 궁금'하다고 요구하는데 지금 라이브로 나오는 경제 방송 프로그램이 없거나, 주식 시간이 끝난 후 나온 팟캐스트 · 유튜브가 없다면 AI 에이전트가 임무 수행을 포기할까? 관련 텍스트 뉴스 기사를 찾아 읽거나, 여러 정보를 모아 아예 즉석에서 팟캐스트를 만들어 제공할 것이다. 스포티파이 같은 음악 서비스가 수용자의 취향과 현재 상황에 맞춰 음악 플레이리스트를 생성해 들려주듯, 거대 언어 모델 기반의 AI 에이전트는 수용자의 요구에 맞춰 개인화된 음성 콘텐츠를 만들어 들려줄 수 있다. 그것도 즉석에서, 실시간으로.

실전 검증으로 단단해진 디지털 지상파 라디오

라디오를 재정의하고 있는 기술들을 소개하는 장에서 왜 30여 년 전에 등장한 지상파 방송 기술인 디지털 라디오를 꺼내는가 싶을 것이다. 크게 두 가지 이유가 있다.

첫째, '무료 보편 사회 인프라', '재난 매체'를 포기하지 않을 것이라면 지상파 라디오 방송을 유지해야 하고, 지상파 라디오 방송으로서 가장 진보된 기술이 디지털 라디오이기 때문이다. 주위를 둘러보면 브로드밴드와 모바일 인터넷망이 모든 것을 집어삼킬 것 같지만, 자연재해와 대형 사고 등 미증유 사태를 대비한 백업망으로서도 지상파망은 필요하다. 그리고 인터넷망에 대한 의존도가 커질수록 최소 비용으로 유지할 수 있는 지상파망인 라디오의 의미는 더 커질 수 있다. 또 최근 기후 위기로 인한 탄소 절감 이슈가 강조되면서 디지털 라디오 기술의 장점으로 가장 부각되는 것이 높은 에너지 효율성이다. 반드시 유지해야 하면서도 운영 에너지와 환경 영향을 낮춰야 한다면 디지털 라디오보다 나은 대안은 별로 없다.

둘째, 한국은 예전에도 디지털 라디오를 이해하지 못했고, 예전보다 더 진화하고 검증된 2020년대의 디지털 라디오에 대해서도 모르기 때문이다. 돌이켜보면 국내에서 디지털 라디오의 도입·전환이 집중적으로 검토되었던 2000~2010년대 초반 당시, 논의에 참여했던 라디오 업계와 정부, 학계는 모두 디지털 라디오가 어떤 사업적 가능성과 청취자 편익을 가졌는지 제대로 이해하지 못했다. 정부와 학계, 방송사 기술 부문은 DAB와 HD Radio 등 개별 디지털 라디오의 기술 특성과 정량적 스펙 차이에 집중했고, 방송사 라디오 부문은 비즈니스와 산업에 대한 이해 없이 기존 FM 청취·점유율에 미칠 영향만 계산하면서 둘 중에 무엇이 자사에 유리할지에만 촉각을 세웠다. 그러다 보니 정작 디지털 라디오를 해 본 나라들에서 실제로

드러난 비교 우위가 무엇이었는지, 정책을 어떻게 디자인해야 기술 특성을 산업적 발전으로 이어 갈 수 있는지는 관심 밖이었다. 그래서 지금도 디지털 라디오 이야기를 꺼내면 20년 전의 지식으로 판단하고 대립하려 든다. 우리는 20여 년 전에도 디지털 라디오의 본질을 오해했었고, 그 이후 기술 · 산업 · 사회 변화를 거치며 새로운 맥락에서 정의되고 업그레이드된 2025년의 디지털 라디오도 모른다. 늦었지만 이제라도 제대로 알아야 좀 더 넓은 시각으로 라디오를 재정의할 수 있다는 생각에서 이 장의 끝에서 이를 다루려 한다.

지상파망의 강력한 물리적·사회적 복원력

모바일 브로드밴드와 광대역 인터넷이 모든 통신을 집어삼킬 것처럼 보이지만, 재난 · 재해 상황에서 그 한계는 금방 드러난다. 세계 곳곳에서 대규모 정전 같은 사회 재난, 지진 · 홍수 · 산불과 같은 자연재해가 일어날 때마다 지상파 라디오 인프라가 모바일 인터넷 인프라보다 훨씬 안정적이고 복원력이 강하다는 사실이 증명된다. 지상파 방송은 비상 전력 공급 장치와 중복 신호 공급 시스템 덕분에 대형 재난 상황에서도 며칠, 심지어 몇 주간 고장 없이 방송을 계속할 수 있다. 호주 정부는 이런 중요성을 인식하고 '방송 회복력 강화 프로그램(Broadcasting Resilience Program, BRP)'을 통해 3년 동안 2000만 달러를 투자해 98개의 ABC AM 및 FM 방송소의 복원력을 향상시키고 있다.[13] 이 프로그램은 지상파 방송망의 비상 전력 시설을 업그레이드하고, 백업 프로그램 입력을 제공하며, 홍수 완화 설계 작업을 수행하는 내용으로 이루어져 있다.

지상파망은 사회적 복원력 유지에도 중요하다. 일상에서 만나는 모든 것이 디지털화되는 가운데 고령 인구가 늘어나면서 많은 국가에서 디지털 사용 능력 격차가 심화되고 있다. 모든 시민이 중요한 정보에 무료로, 간편하게 접근할 수 있는 보편적 서비스인 지상파 방송이 버텨 줘야 하는 또 다른 이유다. 영국의 '디지털 빈곤 연합(Digital

---

13) Australian Government Department of Infrastructure, Transport, Regional Development, Communications and the Arts. Broadcasting resilience program.
https://www.infrastructure.gov.au/media-communications-arts/better-connectivity-plan-regional-and-rural-australia/broadcasting-resilience-program, last updated 31 December 2024, accessed 19 May 2025.

Poverty Alliance, DPA)'은 지상파 TV가 영국의 사회적 복원력을 지키는 데 필수적인 역할을 한다고 강조한다.[14] 지상파 방송은 경제적 수단이나 디지털 기술 수준과 관계없이 모든 사람이 연결된 상태를 유지할 수 있도록 함으로써 사회적 복원력을 뒷받침하기 때문이다.

탄소 중립 시대에 적합한 '그린 라디오'

전 세계 ICT 부문은 온실가스 배출의 약 3%대를 차지하며, 그 가운데 스트리밍 미디어가 1% 안팎이라는 분석 결과가 최근 발표되었다. 음악이나 팟캐스트를 모바일 네트워크로 1시간 스트리밍하면 평균 55g의 이산화탄소가 발생한다고 한다.[15] 데이터 트래픽이 매년 두 자릿수로 늘어나는 현실을 고려하면, 서비스 품질을 유지하면서 배출량을 줄일 수 있는 고효율 전달 경로를 찾는 일이 시급해진 것이다.

---

14) Turner, G.(2025.3.13). Millions at risk of isolation if terrestrial TV is scrapped. *DIGIT.*
https://www.digit.fyi/dpa-future-of-terrestrial-tv/

15) Anderson, K(2025.2.14). The carbon cost of streaming. *Greenly.*

지상파 디지털 라디오(DAB+)가 다시 주목받는 이유가 여기에 있다. 방송은 동시 청취자 수와 관계없이 송출 전력이 일정하지만, 이용자마다 일대일로 전송하는 유니캐스트(unicast)인 스트리밍은 접속자가 늘수록 서버 · 네트워크 · CDN 전력이 선형으로 증가한다. 여러 제품 생애주기 평가(Life Cycle Assessment) 결과에서 DAB+의 전체 탄소 지수(Carbon Index)가 인터넷망을 이용한 오디오 스트리밍보다 현저히 낮다는 점이 확인된다. 방송(broadcast)과 스트리밍의 근본적 차이는 탄소 관점에서 중요할 수밖에 없다.

지상파 중에서도 디지털 라디오의 에너지 효율은 FM 대비 압도적이다. 특히 DAB 계열의 경우, 기존 아날로그 라디오에서 방송사들이 각자 송출하던 것과 달리 멀티플렉스에 송출을 맡기기 때문에 구조적으로 송출 자원의 중복이 감소한다. 독일 바이에른주의 공영 · 민영 방송사를 대상으로 한 '그린 라디오(Green Radio)' 실측 연구에 따르면, 동일 수신 가능 범위 · 동일 프로그램 수를 기준으로 FM에서 DAB+로 전환할 때 송출 전력을 70~85%까지 절감할 수 있다.[16] 같은 결과는 월드DAB(WorldDAB)가 정

16) Stine, R. J.(2021.12.9). Digital radio tackles green challenge.

리한 환경 영향 자료에서도 확인되는데, DAB+ 한 채널을 방송하는 데 필요한 에너지가 FM의 1/5에 불과하다고 한다.[17)]

수신 측 효율도 눈에 띈다. 영국 BBC의 연구에 따르면, 기기 한 대가 1시간 청취할 때 드는 전력을 측정한 결과 DAB 수신이 기기 시간당 9와트시(Wh/device-hour)로 가장 낮았고, FM은 13와트시, IP 스트리밍은 23와트시, 디지털 TV는 81와트시 순이었다.[18)] 최신 DAB+ 휴대 수신기는 저전력 '시스템 온 칩(System on a Chip, SoC)'과 '웨이크업 동기화(wake-up sync)' 기능 덕분에 배터리 구동 시간이 FM 대비 20~30% 길어졌다고 제조사들은 설명한다.

이 같은 수치는 기후 위기 관련 정책과 산업 전략에도 중요한 의미를 지닌다. 방송사는 전력 감축 목표를 설정할 때 DAB+ 전환을 '저비용 · 고효율' 수단으로 삼을 수

Radio World.

17) RedTech(2021.5.11). WorldDAB publishes fact sheet on DAB's environmental impact.

18) Fletcher, C.(2020.10.28). How much energy is used to deliver and listen to radio?. *BBC R&D Blog.*

있다. 광고주들 또한 탄소 지수가 낮은 플랫폼에 '그린 배지'를 부여하며 친환경 이미지를 강화하는 사례도 늘고 있다. 자동차 산업에서는 커넥티드 카 인포테인먼트에서 '하이브리드 라디오'를 구현하고 있다. 오디오는 DAB+/FM으로 제공하고, 앨범 아트 · 계측 데이터 · 양방향 소통 기능은 LTE/5G로 분담하는 방식이다. 이를 통해 에너지 효율과 재난 대응력을 동시에 확보할 수 있다.

30여 년의 상용 검증과 업그레이드를 거친 디지털 라디오

1995년 영국 BBC가 DAB 디지털 라디오를 도입한 이래 30년 동안, DAB/DAB+, HD Radio, DRM/DRM+ 등 크게 세 가지 계열의 디지털 라디오 기술 표준이 국가와 지역별 사정에 따라 도입되어 왔다. 유럽과 영국, 호주에서 압도적 우위를 보인 DAB/DAB+는 29개국에서 정규 방송으로 운영되고 있다. 노르웨이는 2017년 FM 송신을 완전히 중단하고 DAB+로 전환한 선두 주자인데, 2023년 기준 노르웨이 인구의 99.7%가 DAB+ 신호를 수신할 수 있으며, 전체 라디오 청취 시간의 97%가 디지털 플랫폼에서 발생한다. 스위스는 2026년 FM 종료를 목표로 아날로그 라디오 방송을 단계적으로 폐지하고 있다. 라디오 멀티 플랫폼 체제가 자리 잡은 영국에서도 2020년대부터 DAB/DAB+가 1위 라디오 플랫폼으로 떠올랐으며, 독일에서는 300개 이상의 DAB+ 채널 중 100개 이상이 디지털 전용 채널로 운영 중이다. 유럽 연합은 2020년 12월 발효된 「전자통신법(European Electronic Communications Code, EECC)」을 통해 모든 신차에 DAB+ 수신기를 의무 탑재하도록 하고 있으며, 2023년 하반기 기준 신차 80% 이상이 DAB+ 수신기를 표준 장착하고 있다. 이탈리아와 네덜란드에서는 인구의 85% 이상이 DAB+ 수신 범위 내에 거주하며, 지역별 소규모 멀티플렉스 확장이 진행 중이다.

DAB 계열에서는 그간 노르웨이와 스위스처럼 기존 아날로그 라디오를 완전히 대치한 사례도, 홍콩처럼 보급에 실패해 몇 년 만에 도입을 철회한 사례도, 심지어 DMB라는, TV와 라디오의 어정쩡한 변종을 만들어 처치 곤란해진 한국 사례까지 다양한 실전 사례가 나왔다. 긴 시간 동안 다양한 지역에서 충분한 시행착오를 거친 만큼 기술 자체는 물론 멀티플렉스 운용, 기술의 가능성을 극대화하기 위한 진흥과 규제 정책, 콘텐츠 운용, 수신기 보급 전략까지 후발 주자들이 참고하기 좋은 노하우와 참고 사례가 풍부하게 쌓였다. 오픈 소스 성격의 기술이고, 월드DAB를 통한 국제 공조 체제를 잘 꾸려 와서 자동차 산업이나 빅테크와의 협력도 수월하다. 하이브리드 라디오, 커넥티드카 라디오 등의 확장 표준 역시 월드DAB가 주도하고 있다.

미국의 디지털 라디오 기술 표준인 HD 라디오(HD Radio)는 유럽의 DAB와 달리 기존 아날로그 라디오 주파수 대역 내에 디지털 라디오 채널을 심는 것이 가장 큰 특징이다. 기존 아날로그 주파수 주변에 디지털 신호를 전송하는 인밴드 온채널(In-Band On-Channel, IBOC) 방식의 기술이다. DAB 계열이 새 땅(주파수 대역)에 집(채널)을 짓는 방식이라면, HD 라디오는 기존 건물 사이의 자투리땅마다 촘촘하게 새 집을 지어 넣는 것에 비유할 수 있다. 새 주파수를 할당받지 않고 기존 AM/FM 대역 안에서 디지털 신호를 함께 전송하도록 고안됐기 때문에, 북미처럼 광범위한 시장에서 기존 인프라를 재활용해 투자비를 최소화하려는 곳에 적합하다.

DAB는 송출만 전문적으로 담당하는 멀티플렉스 사업자와 그 안에서 채널을 운용하는 채널 사업자가 분리되는 것이 일반적이지만, HD 라디오는 기존 FM, AM처럼 방송사가 채널 편성과 송출을 동시에 책임지는 수직 통합 모델이다. 플랫폼부터 전달망까지 계속 통제하고자 하는 방송사들이 선호한다.

유럽은 1990년대에 이미 별도 주파수 블록 기반인 DAB/DAB+를 공동 채택했기 때문에, HD 라디오와 주파수와 전송 방식이 호환되지 않는다. 이런 역사적 결정과 더불어 사기업 엑스페리(Xperi)가 HD 라디오 기술의 특허 · 상표를 독점하는 라이선스 구조가 맞물리면서, HD 라디오는 미국 · 캐나다 · 멕시코 등 북미권 밖으로는 확산하기 어려웠다. 다만 오늘날에도 필리핀 · 중남미 일부 국가에서 상용 또는 시험 서비스가 진행 중이다. 미국 내에서는 2025년 기준 2700개 이상의 방송국이 HD 라디오를 도입했으며, 4700개 이상의 오디오 채널이 운영되고 있다. 자동차 시장에서 HD 라디오 장착률은 2024년 기준 신차의 58%를 차지하지만, 정작 미국 운전자들은 자신의 라디오가 디지털 라디오로 바뀌었는지 잘 모르는 경우도 많다. 라디오 플랫폼 분류에서 HD 라디오라는 분류가 따로 없이 FM 내에 HD 라디오 채널이 녹아 있다 보니 플랫폼이 달라졌다는 사실을 인지하지 못하는 것이다. 채널을 넘기다가 'OOOO HD-2' 같은 못 보던 채널이 자꾸 나오지만, 미국은 워낙 채널이 많다 보니 플랫폼이 달라졌다기보다 새 라디오 채널이 개국했나 보다 생각하기 쉽다. 수용자가 플랫폼에 대해 특별히 인지하지 못하는 상황에서 조용히 도입되는 것이 HD 라디오의 특징이다.

DRM은 세 가지 디지털 라디오 기술 표준 중 가장 낯설게 느껴진다. 앞선 두 기술 표준이 선진국 중심으로 20년 넘게 정규 도입 · 운용된 반면, DRM은 인도, 중국 등 신흥국에서 주로 시험 보급 단계에 있기 때문이다. 인도 공영방송 '올 인디아 라디오(All India Radio)'는 33개 사이트에 100～300kW급 DRM 송신기를 설치해 10억 인구 대상 서비스를 제공 중이며, 인도네시아는 2023년 8월 통신정보부를 통해 DRM을 공식 표준으로 채택, 자바섬에 5개의 DRM FM 송신기를 설치해 재난 경보 시스템과 연동했다. 중국은 2023년 9월 MIIT · NRTA · SAMR 등 3개 기관이 공동으로 자동차 산업에 DRM AM 대역 지원을 권고하는 정책 문서를 발표했으며, 31개 자동차 제조사가 참여 중이다. 2024년 10월에는 차량용 무선 수신 시스템 국가 표준 개정 시안을 공개 검토하며 DRM 의무화를 검토하기 시작했다.

디지털 라디오 송출 장비는 기술 표준 방식을 가리지 않고 점점 작아지고 에너지 효율은 높이는 방향으로 발전하고 있다. 로데슈바르츠(R&S)가 2022년에 선보인 액체 냉각 VHF 송신기는 한 세대 전 장비 대비 최대 46～50%의 시스템 효율을 기록, 전력 소모를 절반 이하로 줄였다.

북미 디지털 라디오 표준 HD 라디오 역시 관련 장비의 전력 효율을 계속 낮추고 있다. 단말 생태계도 진화 중인데, 가내용과 차량용 수신기 모두 여러 통신 기능을 작은 칩에 통합한 모듈로 가고 있어서 크기와 전력 소비가 줄어들고 있다.

마치는 글

한 해 동안의 안식년을 마치고 회사로 복귀했다. 휴직에 들어갔던 한 해 전에 남겨 두었던 문제들은 지나간 시간만큼 더 어려워졌고, 예상했던 문제들은 생각보다 더 빨리 다가와 있었다. 2025년 KOBA 방송 기술 전시회와 콘퍼런스에는 TV 부문에서 활용할 수 있는 AI 도구들이 경쟁적으로 등장했고, 가늘게나마 명맥을 유지하던 라디오 세션은 완전히 사라졌다. 회사에서도 강력한 기능으로 무장한 AI 데이터 포털을 마련했지만, 라디오로 활용할 부분은 미미하여 입맛만 다셨다. 시대 변화, 기술 변화에 대응할 역량이 영상 매체로만 쏠리다 보니 제자리걸음 중인 라디오는 점점 더 골동품이 되어 간다. 라디오는 이대로 정말 추억의 매체, 박물관 매체로 박제될 것인가? 아니 알파 세대는 물론이고 제트 세대의 뇌리에서는 이미 박물관에 들어갔다는 생각에 답답해진다.

요즘 국내 라디오 스튜디오는 앉을 자리가 모자라게 좁

아지고 있다. 유튜브용 카메라와 조명, 영상 믹스 장비와 관련 인원들이 추가로 들어가기 때문이다. 영국과 호주 등 라디오 강국들이 디지털 · AI에 올라타서 유통과 비즈니스를 혁신하고 여타 오디오 미디어로 확장하고 있다면, 한국 라디오는 본업의 빈틈을 메우기보다는 유튜브에서 활로를 찾는 모양새다 . 두 해 전쯤 타 라디오 방송사 워크숍에 강사로 갔더니 내 앞에 유명 유튜버가 강의하고 있었고, 라디오 PD들의 질문도 어떻게 유튜브를 잘할 것인가에 집중됐다(차라리 내 강의가 재미없던 탓이 컸기를 바란다).

한국 라디오 종사자 중에서 우리 밖의 라디오 산업, 라디오 연관 산업, 관련 기술을 가장 많이 만나고 관찰하고 분석해 온 사람으로서 단언한다. 우리는 아직 라디오에서, 특히 유통과 기술과 산업에서 시도해 보지 않은 것이 너무 많다. 그래서 본업을 이 정도쯤에서 접어놓고 유튜버가 되기에는 너무 아쉽다. 라디오에서 유튜브를 활용하는 것은 유용한 옵션이지만, 지금처럼 자신의 가능성을 막아 버린 상태로 유행을 따라잡기 위해 허덕인다면 결국 "여긴 어디? 나는 누구?"를 반복하고 있는 자신과 대면하지 않을까?

변화된 상황으로 위기를 맞았다면 나도 변해야 산다.

어제의 강점에 매달리지 말고, 무엇이 오늘의 내 강점이 될 수 있을지 빨리 파악해서 나를 재정의하자는 주장으로 책을 시작했다. 어떻게 재정의할지 고민하는 데 필요한 재료들을 하나둘 모아 보니 어느새 바구니를 채웠다. 이제 나보다 더 젊고, 의욕 넘치고, 새로운 생각을 뿜어낼 수 있는 라디오 업계 동료 선후배들이 '라디오를 재정의하는 각자의 답'을 찾아 주시길 기대하고 부탁한다.

참고문헌

김경환(2020). 일본 라디오 방송의 디지털 서비스 전략에 관한 연구. ≪커뮤니케이션학 연구≫, 28-3호(2020 3호), 51-75쪽.

김형호(2021). 『라디오 탐심』. 틈새책방.

임재윤(2015a). 소리 매체의 미래, 미래의 소리 매체. ≪방송문화≫, 400호, 170-186쪽. 한국방송협회.

임재윤(2015b). 한국 라디오OTT 10년, Radio Everywhere를 향한 10년. ≪방송문화≫, 401호, 162-186쪽. 한국방송협회.

임재윤(2015c). 2차 성징을 준비하는 팟캐스트. ≪방송문화≫, 403호, 160-179쪽. 한국방송협회.

임재윤(2016). 호주의 radio industry body, CRA 사례. ≪방송문화≫, 404호, 161-178쪽. 한국방송협회.

임재윤(2017a). AI 음성 비서 대중화 시대, 라디오는 무엇을 준비해야 할까?. ≪방송문화≫, 408호, 210-236쪽. 한국방송협회.

임재윤(2017b). 하이브리드라디오의 성공적 도입을 위한 제언. ≪한국방송·미디어공학회 학술발표대회 논문집≫, 2017년 11월 호, 189-192쪽. 한국미디어공학회.

임재윤(2020). 수단에 대한 로드맵이 우선이다. ≪방송문화≫, 423호, 131-139쪽. 한국방송협회.

임재윤(2021). 코로나가 앞당긴 디지털 세상, 최적화를 고민한다. ≪방송과 기술≫, 308호, 38-41쪽. 방송기술인연합회.

임재윤(2022~2023). No more Galapagos, Korean Radio 시리즈 5회 연재, ≪방송과 기술≫, 323-327호, 방송기술인연합회.

임재윤(2024). 통합 플랫폼의 미션은 단순함을 지키는 것: Radioplayer 채택 국가가 늘고 있는 이유. ≪방송문화≫, 429호, 55-69쪽. 한국방송협회.

조장은(2023). 일본 라지코(radiko) 서비스 현황 및 분석. ≪방송문화≫, 426호, 69-82쪽. 한국방송협회.

Hendy, D.(2013). *Noise: A human history of sound and listening*. Profile Books. 배현 · 한정연 옮김(2018). 『소리의 탄생』. 시공사.

Tercek, R.(2015). *Vaporized: Solid strategies for success in a dematerialized world*. Greenleaf Book Group LLC. 김익현 옮김.(2019). 『증발』. 커뮤니케이션북스.

라디오데이즈 유럽 www.radiodayseurope.com

라디오플레이어 www.radioplayer.org

라자르 www.rajar.co.uk

라지코 www.radiko.jp

레인뉴스 www.rainnews.com

상업 라디오 오스트레일리아 www.commercialradio.com.au

스포티파이 www.spotify.com

에디슨 리서치

www.edisonresearch.com/solutions/share-of-ear

트라이튼 디지털 www.tritondigital.com

팟뉴스 www.podnews.net

DTS www.dts.com/autostage

GfK www.gfk.com/ko/home

IAB www.iab.com

RAB www.rab.co.uk

임재윤

MBC 문화방송 라디오국 오디오디지털전략 담당이다. 서울대학교 농화학과를 졸업하고 IDAS(현 홍익대학교 국제디자인전문대학원)에서 제품디자인을 공부하던 중 2000년 MBC에 라디오 PD로 입사, 〈손석희의 시선집중〉, 〈영화음악〉 등 라디오 프로그램을 연출했고, 온라인 라디오 청취 위젯 'MBC mini'를 창안했다. 서울대학교 경영전문대학원에서 MBA를 마치고 MBC 기획조정실에서 방송정책과 뉴미디어 업무를 익혔으며, 영상 OTT 'MBC pooq' 기획에 참여했다. 라디오의 디지털 플랫폼을 확장하고 사용자 경험을 개선하는 일을 해 왔으며, 기고와 세미나를 통해 라디오 산업 신화를 위한 에반젤리스팅에 힘쓰고 있다. 8인의 라디오 PD들과 함께 『크게 라디오를 켜고』(2016)를 같이 썼다.